O QUE NOS DIZEM OS DADOS?

Dados Internacionais de Catalogação na Publicação (CIP)
(Câmara Brasileira do Livro, SP, Brasil)

Gomes Neto, José Mário Wanderley
  O que nos dizem os dados? : uma introdução à pesquisa jurídica quantitativa / José Mário Wanderley Gomes Neto, Luis Felipe Andrade Barbosa, Alexandre Moura Alves de Paula Filho. – Petrópolis, RJ : Vozes, 2023.

Bibliografia.
ISBN 978-65-5713-633-1

1. Dados – Análise 2. Pesquisa jurídica
3. Pesquisa jurídica – Metodologia I. Barbosa, Luis Felipe Andrade. II. Paula Filho, Alexandre Moura Alves de. III. Título.

22-118654

CDU-34.001.5

Índices para catálogo sistemático:
1. Pesquisa jurídica qualitativa : Metodologia 34.001.5

Eliete Marques da Silva – Bibliotecária – CRB-8/9380

José Mário Wanderley Gomes Neto
Luis Felipe Andrade Barbosa
Alexandre Moura Alves de Paula Filho

O QUE NOS DIZEM OS DADOS ?

Uma introdução à pesquisa jurídica quantitativa

EDITORA VOZES

Petrópolis

© 2023, Editora Vozes Ltda.
Rua Frei Luís, 100
25689-900 Petrópolis, RJ
www.vozes.com.br
Brasil

Todos os direitos reservados. Nenhuma parte desta obra poderá ser reproduzida ou transmitida por qualquer forma e/ou quaisquer meios (eletrônico ou mecânico, incluindo fotocópia e gravação) ou arquivada em qualquer sistema ou banco de dados sem permissão escrita da editora.

CONSELHO EDITORIAL

Diretor
Gilberto Gonçalves Garcia

Editores
Aline dos Santos Carneiro
Edrian Josué Pasini
Marilac Loraine Oleniki
Welder Lancieri Marchini

Conselheiros
Elói Dionísio Piva
Francisco Morás
Ludovico Garmus
Teobaldo Heidemann
Volney J. Berkenbrock

Secretário executivo
Leonardo A.R.T. dos Santos

Editoração: Maria da Conceição B. de Sousa / Natalia Machado
Diagramação: Raquel Nascimento
Revisão gráfica: Alessandra Karl
Capa: Pedro de Oliveira

ISBN 978-65-5713-633-1

Este livro foi composto e impresso pela Editora Vozes Ltda.

For the rational study of the law the blackletter man may be the man of the present, but the man of the future is the man of statistics and the master of economics.

Oliver Wendell Holmes

A minha primeira questão é a seguinte. Quando falamos em pesquisa, a primeira pergunta a fazer é: pesquisar para quê? Por que se quer fazer pesquisa? A primeira resposta, que também parece muito banal, seria: a pesquisa se contrapõe à impressão, ao "achismo", seus resultados podem questionar preconceitos. A pesquisa, de alguma forma, me permite entender o real. [...] Em poucas palavras, assumimos o compromisso de investigar o significado do campo jurídico para o conhecimento da realidade.

Maria Tereza Sadek

A esse respeito cabe reiterar aqui observação já mil vezes feita [...] sobre a impostergável necessidade de levantamentos estatísticos rigorosos, à luz dos quais se possam identificar os pontos sensíveis do organismo, verificar em que proporção atua cada um dos fatores que influem negativamente na atividade judicial. À míngua de subsídios do gênero, corremos o risco de gastar inúteis energias no combate a moinhos de vento, enquanto deixamos em paz e sossego os verdadeiros inimigos.

José Carlos Barbosa Moreira

Este livro é dedicado ao Prof.-Dr. Enivaldo Carvalho da Rocha (UFPE).

Os autores agradecem aos professores Manoel Carlos Uchôa de Oliveira (Unicap), Rodrigo Barros de Albuquerque (UFS/UFPE) e Anthony Lins (Unicap) pelas leituras das primeiras versões deste texto e pelas suas inestimáveis sugestões. Quaisquer erros e/ou imprecisões remanescentes são de responsabilidade exclusiva dos autores.

Sumário

Apresentação, 9

Prefácio, 11

Introdução – Por que entender o Direito por meio de dados?, 17

I – Parte geral: sobre os dados, 21

1 Pesquisa empírica quantitativa – Conceitos estatísticos fundamentais, 23

2 Amostragem – Compreendendo o todo através das partes, 41

3 Dados – As variáveis e suas inter-relações, 61

II – Parte especial (1): instrumental estatístico básico e as suas aplicações potenciais às pesquisas jurídicas empíricas, 73

4 A vida como ela é – Análise exploratório-descritiva, 75

5 O que "A" tem a ver com "B"? – Testes de associação e de correlação, 103

6 Como "A" afeta "B"? – Análise por regressão linear, 119

7 Quais as chances? – Análise por regressão logística (logit), 129

8 O tempo, o tempo não para – Análise de sobrevida (sobrevivência), 137

III – Parte especial (2): da coleta dos dados à interpretação dos resultados, 151

9 Codificação – Sobre matrizes e sobre o que fazer com os dados obtidos, 153

10 O que nos disseram os dados? – Interpretando os resultados obtidos em casos hipotéticos, 163

Referências, 213

Apresentação

Uma das maiores qualidades que um pesquisador pode ter é a de saber olhar para o tempo atual. O alinhamento com o *zeitgeist* (espírito da época), embora de início possa parecer algo comum ou até um pré-requisito indispensável à natureza do fazer ciência, infelizmente nem sempre está na ordem do dia entre os cientistas. Essa espécie de nobre desafio de trazer de volta a capacidade de enxergar o entorno é plenamente vencida por José Mário Wanderley Gomes Neto, Luis Felipe Andrade Barbosa e Alexandre Moura Alves de Paula Filho com este instigante *O que nos dizem os dados? – Uma introdução à pesquisa jurídica quantitativa*.

Nele, os autores nos lembram, de maneira surpreendentemente didática e extremamente acessível, de como sair um pouco do mundo fechado das nossas convicções qualitativas e levantar a cabeça para enxergar o mundo que nos rodeia. E o convite que os pesquisadores nos fazem para descobrir este cenário, que, sim, está povoado por termos como *big data*, metadados, *data learning* e *data base*, entre outros, é uma situação da qual não podemos escapar: a de vislumbrar a importância que os dados e seu devido tratamento e olhar apurado, ou seja, a sua análise competente, cada vez mais representa no mundo cotidiano.

Esse *zeitgeist* habitado pelos dados não está visível apenas nos *feeds* dos nossos dispositivos ou nas matérias jornalísticas cheias de entusiasmo apresentando um futuro que já chegou, mas nos atravessa a partir de diversas áreas do conhecimento, da matemática às artes, da linguística à biologia ou das engenharias à filosofia, passando, inegavelmente, sim (e, ultimamente com mais veemência), pelas ciências jurídicas.

E ao leitor interessado pelo tema, aqui vai um aviso importante: não se trata de uma obra que abomina o viés qualitativo e abraça de vez as benesses e os termos excessivamente técnicos sobre dados; longe disso. Em vez de cair nessas armadilhas tão comuns nos dias de hoje, os autores reafirmam a importância da tradição das pesquisas jurídicas e apresentam uma tendência que pode adequar-se perfeitamente a essa herança tão sólida.

E, mais importante, fazem questão de lembrar justamente a natureza do dado: a informação. Para além de qualquer acepção que este termo possa ter tomado nos últimos anos (eis as armadilhas...), estamos rodeados, sim, por dados; ou seja, habitamos um espaço no qual circulam diversas, inúmeras, incalculáveis informações. O que, de início, poderia ser um termo assustador ou que pertencesse apenas aos colegas de outro departamento da universidade, a partir desta obra nos faz parecer comum, ou melhor, lembra-nos que nos é comum também.

Trabalhar cientificamente com essas informações, sabendo enxergá-las e interpretá-las, certamente traz um ganho impressionante à Ciência Jurídica e aos diferentes contextos jurídicos nos quais eles podem ser manipulados, como afirmam os autores. Nas entrelinhas, esta é inclusive a maior das lições deste livro: saber enxergar.

Como numa incursão para a qual somos chamados com entusiasmo, os autores nos apresentam a possibilidade atraente da pesquisa empírica quantitativa, conduzem-nos às discussões sobre amostragem e variáveis, mostram-nos ferramentas para manejar estudos dessa natureza e expõem o benefício da coleta de dados e da sua devida interpretação para uma pesquisa. Tudo, acreditem, da maneira mais didática possível, bem longe das tabelas estatísticas ou de cálculos rebuscados. Ao contrário, nesta jornada o leitor acaba se encantando e se deixa levar por esta apresentação. Ao fim da leitura, sente-se tão entusiasmado quanto os autores deixam transparecer que foi o processo de realização desta obra.

E a missão de nos fazer enxergar algo além das nossas certezas de desenhos de pesquisa e seleção de métodos está concluída.

É quando, definitivamente, um novo horizonte se apresenta ao pesquisador.

Recife, 31 de janeiro de 2022.

Prof.-Dr. Dario Brito

Doutor em Design da Informação (UFPE), coordenador de Pesquisa e Inovação e professor do Curso de Jornalismo e do Mestrado em Indústrias Criativas da Universidade Católica de Pernambuco (Unicap).

Prefácio

Como extrair conhecimento jurídico confiável a partir dos grandes acervos de informações constantes de arquivos judiciais e documentos legais? E como ensinar alunos e alunas de Direito, afeitos aos textos escritos, a trabalhar com os dados numéricos? Tais perguntas orientaram o desafio desta original e providencial obra que nos trazem os professores e pesquisadores José Mário Wanderley Gomes Neto, Luis Felipe Andrade Barbosa e Alexandre Moura de Paula Filho. Com formação interdisciplinar entre o Direito e a Ciência Política, os autores desbravam uma das mais promissoras fronteiras metodológicas e epistemológicas do campo jurídico: as pesquisas empíricas de natureza quantitativa.

Nada mais apropriado em tempos de obscurantismo do que as luzes da ciência. O Direito, porque é caminho que conduz a sociedade à justiça, se puder dispor de mais de um candeeiro, tanto melhor. Este livro oferece três deles, pouco usuais ao jurista: a pesquisa científica, os dados quantitativos e a linguagem numérica.

O Direito, além de um conjunto de regras que tentam minimamente organizar a sociedade, é também uma área do conhecimento. Se não das mais científicas, certamente das mais úteis no jogo de forças que dinamiza o Estado, as organizações e a vida das pessoas. A justiça da sociedade depende da eficácia de suas regras. As leis serão justas e respeitadas se bem elaboradas e aplicadas. Ocorre que a eficácia e efetividade das leis dependem de conhecimento jurídico de qualidade (e não de quantidade, quando vamos entender?!), preciso e acurado, sabedor tanto do remédio quanto do paciente.

O Direito apresenta-se em pelo menos dois níveis de complexidade. O elementar, que já não é nada simples ou pouco expressivo, serve para dar a formação técnica necessária à operação diária das normas veiculadas nas leis e decisões judiciais. As centenas de milhares de faculdades de Direito existentes no Brasil oferecem esse conhecimento para estudantes desejosos de se tornar advogados, juízes, promotores de justiça, defensores públicos, delegados de polícia, auditores fiscais, escrivães e escreventes, entre tantas outras profissões especializadas na operação da burocrática malha legislativa e estrutura institucional vigentes no "país dos bacharéis".

Em níveis mais profundos, o Direito pressupõe um conhecimento social avançado, complexo, ainda menos claro, quase nada estável e previsível e endereçado a múltiplos sujeitos. Isso porque, para a sociedade, não basta que existam leis e que elas sejam aprendidas e reproduzidas pelos juristas. As leis precisam, antes, ser criadas, depois sopesadas e, eventualmente, reformadas ou substituídas. Para tanto, deve-se conhecer não apenas as leis, mas a sociedade. O saber sobre o Direito precisa servir, além de ao "operador do Direito", ao legislador, ao "ator político" e aos "atores sociais". Por isso, precisa entender e falar todas essas "línguas".

A complexidade das sociedades contemporâneas aumenta o desafio. Para termos leis calibradas para os vários tipos de problemas da sociedade, o Direito precisa ser ainda mais avançado, científico e interdisciplinar. A concepção de regra jurídica efetiva depende de elementos que estão fora das fronteiras tradicionais do saber jurídico.

Como deve ser uma lei? Se ela não produz os resultados esperados, em que termos deve ser alterada? Sua baixa eficácia deve-se a ser mal redigida, mal aplicada ou por que as pessoas simplesmente não a cumprem? Se não a cumprem, qual o motivo e como as outras leis poderiam evitar que isso se repita? Como fazer leis que as pessoas entendam e cumpram? E como fazer com que pessoas entendam e cumpram as leis? Essas perguntas, essenciais para as boas leis, exigem saberes extrajurídicos, hauridos segundo padrões científicos. Muitas implicam raciocínios associativos, sobre causas e efeitos, algo tão complexo nas ciências sociais.

Esse saber jurídico mais profundo, científico e interdisciplinar, também é necessário para as práticas e as técnicas dos operadores do Direito, inclusive porque as constitui e as determina. O *saber-fazer* ensinado nos cursos de graduação em Direito nasce de um *saber* científico que está por detrás e que lhe dá as bases e diretrizes. E, porque avançado e amplo, esse saber vai além dos limites do direito, estendendo-se a áreas similares e que lhe estão à base, como a Antropologia, a Sociologia, a Ciência Política, a Economia, a Psicologia, dentre outras.

O Direito, eis meu argumento aqui, está longe de se resumir às leis, processos e decisões judiciais. Abrange um vasto campo de conhecimento de diferentes substâncias e níveis: o saber técnico, que capacita os operadores para as atividades jurídicas e é ensinado nos cursos de graduação; e o chamado saber científico, que questiona como devem ser as leis e como não devem ser e que fornece as bases e as diretrizes para as práticas e o saber técnico. É imprescindível ao jurista cioso dominar muito bem o primeiro; mas sua criatividade e originalidade dependem de saber transitar pelo segundo.

As características desse saber jurídico mais profundo justificam a utilidade deste livro. Primeiro, ele vai além das práticas jurídicas, o que exigirá o empenho de um profissional com formação científica, uma nova figura no campo: o pesquisador em Direito. Segundo, vai além do próprio Direito – ainda que este lhe sirva de eixo central –, o que demandará o exercício de diálogo interdisciplinar com áreas afins. Terceiro, recorre a múltiplas formas de linguagem, capazes de representar todas as informações, ideias e argumentos que compõem esse saber. Por fim, é um conhecimento inacabado, em constante transformação – dependente, portanto, de pesquisas sérias e metodologicamente confiáveis.

Este livro vai ao encontro de todas essas demandas: oferece formação profissional em pesquisa, facilita a interlocução com outras áreas e, sobretudo, contribui para que o conhecimento jurídico seja produzido e representado em dimensões numérico-quantitativas, incrementando-lhe a precisão e acurácia. Sua leitura habilita o jurista a se aventurar pelo conhecimento científico interdisciplinar por via peculiar e estranha a sua formação tradicional: as grandezas quantitativas e a linguagem dos números.

Vale aqui um comentário a respeito dessa questão. O Direito é, desde sempre, conhecido e representado por palavras. A lei, como medida de justeza das condutas, ensina José Reinaldo Lima Lopes, foi sempre expressa pela palavra, o que exigiu toda uma estrutura de regras e saberes a partir de definições e conceitos o mais precisos possível[1]. Ainda assim, as transformações inevitáveis nas próprias práticas jurídicas impuseram constantes adaptações de conceitos e regras. Ao saber jurídico coube sempre atualizar a precisão das definições e conceitos. A linguagem, um construto das sociedades como o Direito, viabilizou essa tarefa. Sempre em formato de palavras e textos.

O livro que o leitor agora tem em mãos é original e marcante justamente porque parte de e explora muito bem a premissa científica,

---

1. Vale muito ler o seu *As palavras e a lei*, em recente nova edição (Ed. Madamu, 2021).

interdisciplinar e multilinguística do direito. Seus autores partem da premissa de que não seria mal recebida às teorias e às práticas do Direito a ajuda da representação quantitativa pela via numérica – tão comum, quando não, hegemônica, em outras áreas do conhecimento, bastante respeitáveis por sinal. Se já está difícil entendermos ("darmos conta" de) a complexidade da vida contemporânea[2], mais ainda será prescrever um corpo de regras efetivo. Descrições precisas dos fatos sociais e dos fenômenos jurídicos tendem a otimizar o resultado.

O que nos dizem os dados?, perguntam os autores no sugestivo título. Os dados nos dizem, por exemplo, o que é, como funciona e como pode vir a ser o direito. Não tanto porque determinados especialistas assim entendem, mas porque as informações que sustentam esse conhecimento foram colhidas diretamente sobre as várias "realidades" dos grupos sociais e dos órgãos do sistema de justiça. Um tipo de conhecimento, portanto, mais próximo de padrões científicos válidos porque baseado em observação mais completa, variada e impessoal da realidade.

De modo extraordinariamente didático, o livro oferece competências e habilidades para o jurista "falar a língua quantitativa", algo absolutamente incomum no campo do direito –, convidando-o a se aventurar em um mundo para ele desconhecido – embora familiar a clientes, partes e outros profissionais: dos dados numéricos, das planilhas, das descrições e das análises de grandes cenários.

Pessoalmente, não acredito que uma linguagem qualquer – números, palavras, artes ou outra – seja em si melhor ou pior do que as outras. Isso depende, quero crer, da mensagem que se deseja transmitir. Ainda assim, dada a complexidade do mundo que me cerca, tendo a preferir um quadro variado de formas de expressão e, particularmente, dispor tanto das palavras quanto de números para compreender e descrever os fenômenos jurídicos.

Portanto, respondendo à provocação que os colegas do Recife fazem em seu título, os dados, dimensionados em grandezas quantitativas, podem muito bem nos ajudar a ver, compreender e explicar com mais precisão e clareza essa complexa massa de regras, leis, decisões, precedentes,

---

2. Nada novo o fenômeno da compreensão, e do governo, do mundo e das sociedades por meio da contagem das quantidades das pessoas e das coisas. Sobre a sua relação com a soberania e as formas de exercício de poder, cf. o retrato histórico que Foucault constrói no seu "Governamentalidade", último capítulo da *Microfísica do poder* (Graal, 2004).

doutrinas etc. de que é formado o chamado *corpus iuris*. Só que é preciso saber operar essa linguagem e, nesse aspecto, seu livro é, sem dúvida, uma contribuição original e valiosa.

Cumprimento os colegas autores pela originalidade e pela ousadia da proposta e, o que não é trivial, pela excelência do resultado didático e claro. Estou certo de que seus leitores e leitoras serão presenteados com um saber rico e muito bem valorizado atualmente.

Ribeirão Preto, 11 de fevereiro de 2022.

Prof.-Dr. Paulo Eduardo Alves da Silva

Doutor e livre-docente em Direito (USP). Professor-associado da Faculdade de Direito de Ribeirão Preto da USP (FDRP/USP). Conselheiro da Rede de Estudos Empíricos em Direito (Reed).

Introdução

Por que entender o Direito por meio de dados?

Qual é a sua referência acadêmica no Direito? Quem é o professor ou doutrinador cujas obras você mais gosta de ler, seja por concordar com o modo de interpretar o Direito ou com as soluções conferidas aos problemas tratados?

Muito provavelmente, você pensou em alguma mente brilhante do Direito, alguém com alto teor de conhecimento e produção nos campos teórico ou dogmático. Kelsen? Savigny? Pontes de Miranda? Ruy Barbosa? Não importa muito. O que importa é que provavelmente é alguém com esse perfil.

Desde os primeiros períodos da faculdade, aprendemos a entender e interpretar o Direito como uma ciência tão *humana* – apesar de se encaixar no campo das ciências sociais aplicadas – que pouco se fala na relação do Direito com os números. Além disso, costumamos atrelar a doutrina a esses grandes pensadores que, com uma genialidade ímpar, conseguem extrair de sua caixinha de surpresas soluções quase que irrefutáveis para diversos problemas sociais.

Por conta disso, aprendemos no curso de Direito que, para sermos excelentes juristas e pesquisadores neste campo, precisamos, necessariamente, ler muito.

E não está errado. Em praticamente tudo no Direito, a leitura é indispensável e normalmente muito volumosa. O problema está quando toda a construção do conhecimento se resume a este movimento circular: **ler, pensar e escrever**.

Se, por um lado, as abordagens teóricas e dogmáticas são indispensáveis à construção e interpretação do Direito, por outro, elas sozinhas esbarram num problema que muito se critica em relação à literatura jurídica em geral no Brasil: desapego ao enfrentamento de questões concretas.

Vai dizer que você nunca criticou uma abordagem doutrinária ou mesmo deixou de lê-la porque "é muita teoria e pouca prática"?

Daí, o saudável desenvolvimento do Direito passa também pelo empirismo, isto é, "a prática filosófico-científica de se chegar a conclusões investigativas por meio da utilização de dados obtidos pela observação da realidade" (YEUNG, 2017, p. 249). Em outras palavras, devemos atentar para que a dogmática jurídica, como método próprio de cognição, não se converta em um "dogmatismo jurídico", o que pode se transformar em considerações de "senso comum". Para evitar esse efeito nocivo, que fragiliza os estudos no nosso campo, a dogmática jurídica pode e deve ser utilizada como ambiente fértil para a investigação empírica.

Trabalhar com esses dados da realidade muitas vezes é a forma mais honesta de se abordar problemas jurídicos, uma vez que, quando nos propomos a lidar com eles, iniciamos nossa pesquisa com o olhar limitado – e às vezes enviesado – de um único humano. As lentes dos óculos pelos quais enxergamos estão focadas nos problemas que nós achamos mais relevantes ou que, por experiências anteriores, vivenciamos com mais ênfase.

Assim, o papel do empirismo na ciência jurídica tem a importância de colocar nosso "pé no chão", direcionando as investigações científicas a dados da realidade que, em nossas particularidades, não fomos capazes de observar em sua inteireza.

A dogmática não deve ser expressão de uma "opinião autoritária", muitas vezes dissociada da própria realidade social. Devemos nos lembrar das nossas aulas introdutórias ao mundo jurídico, em que a Filosofia e a Sociologia Jurídica nos ensinam que o Direito é dinâmico, porque a própria realidade social é complexa, com interações sociais extremamente dinâmicas entre as pessoas.

Lembra-se das mentes geniais que quase sempre fazem a doutrina jurídica? A boa notícia é: você não precisa ser nenhum gênio para ser um grande pesquisador e abordar problemas de difícil resolução para propor boas saídas a eles.

O fato é que, cada vez mais, na atualidade, percebemos a importância dos dados para mensurar o comportamento e o desempenho das instituições jurídicas, seja na esfera judicial, seja no âmbito administrativo: as diferentes metas estabelecidas pelo Conselho Nacional de Justiça (CNJ), os relatórios sobre a atuação dos órgãos essenciais à administração da justiça (Tribunais, Ministério Público, Defensoria Pública), os relatórios de gestão dos entes e entidades da Administração Pública encaminhados aos Tribunais de Contas (TCU e TCE).

Diante desse novo e rico cenário, as pesquisas no campo jurídico devem ir além da dogmática, mediante a utilização de pesquisas efetivamente empíricas, a partir do levantamento, da compreensão e do tratamento dos dados nos diferentes contextos jurídicos trabalhados. E essa abordagem é plenamente possível de ser executada por meio da utilização de ferramentas adequadas.

Tal aspecto representa um avanço considerável na pesquisa jurídica, fato que já vem sendo contemplado em eventos nacionais e regionais e em uma série de publicações de alto impacto, que se preocupam ou dão preferência a trabalhos desenvolvidos a partir de estratégias metodológicas empíricas. São exemplos desse novo contexto a criação da Reed – Rede de Estudos Empíricos em Direito e as publicações em revistas jurídicas especializadas, como a Revista de Estudos Empíricos em Direito (Reed), a Direito GV (FGV) e a Direito Público (IDP), dentre outras.

Portanto, entendemos como fundamental redimensionar a pesquisa jurídica, ultrapassando o lugar-comum dos estudos de revisão de literatura. Como será visto ao longo desta obra, isto não significa dizer que esses estudos não tenham a sua importância, muito pelo contrário: a discussão teórica é a base para o desenvolvimento da pesquisa científica. A nossa contribuição aqui é apresentar algumas estratégias empíricas relevantes, já consolidadas em outras áreas das Ciências Humanas e Sociais Aplicadas, de forma a potencializar os estudos jurídicos.

Eis o convite que fazemos, desde já, para introduzir este livro a você, caro leitor. Sim, você pode, com técnicas empíricas adequadas, investigar problemas complexos e apresentar respostas – quem sabe, alternativas efetivas – com sustentação na observação quantitativa da realidade.

Para tanto, dividimos este livro em três partes.

A primeira, denominada "Parte geral", trará as bases fundamentais da pesquisa empírica quantitativa, ensinará a extração de amostra, as variáveis e as inter-relações entre dados.

Na segunda, denominada "Parte especial (1)", trabalharemos com o chamado instrumental estatístico básico e as suas aplicações potenciais às pesquisas jurídicas empíricas, isto é, as diversas técnicas de se operar investigações quantitativas, focando, claro, na problematização de questões do Direito.

Na terceira, que é a "Parte especial (2)", ensinaremos como coletar os dados e, em seguida, interpretá-los. Nessa parte, traremos ainda uma série de casos práticos e exercícios de fixação para que o leitor possa compreender o uso das ferramentas trabalhadas ao longo de todo o livro.

Nossa intenção com esta obra não é focar o ensino de linguagens de programação ou as maravilhas que podem fazer os aplicativos de estatística e de análise de dados, mas sim dedicar-nos a explicar, aos que queiram fazer pesquisa empírica jurídica, conceitos fundamentais quantitativos, de forma simples e objetiva, sem os quais a investigação quantitativa não seria possível.

Boa leitura.

Os autores

I
Parte geral
Sobre os dados

1
Pesquisa empírica quantitativa

Conceitos estatísticos fundamentais

O que nos leva a realizar uma pesquisa quantitativa?

> *A ciência social do direito é aquela que investiga através de métodos e técnicas de pesquisa empírica (i. é, pesquisa baseada na observação controlada dos fatos) o fenômeno social jurídico em correlação com a realidade social* (SOUTO, 1986, p. 62).

> *Observa-se no Brasil uma carência, em relação ao resto do mundo, de pesquisas quantitativas sobre o funcionamento das instituições do sistema de justiça* (CASTRO, 2017, p. 39).

Se você está lendo este livro, muito provavelmente realiza ou pretende realizar uma pesquisa quantitativa. Por isso, algumas questões precisam ficar claras, desde já.

Primeiro: Como se faz uma pesquisa científica?

Entender bem esse questionamento é crucial para entender todo o resto do livro. Isso porque não vamos nos debruçar sobre qualquer pesquisa. A pesquisa científica compõe-se de protocolos. Sem eles, dificilmente se estará fazendo ciência.

Esses protocolos costumam ser reunidos e reduzidos a um termo: metodologia. Se dissemos que sem a observação dos protocolos, não se faz ciência, não restam maiores dificuldades para entender que, sem a aplicação da metodologia adequada, faz-se outra coisa, mas não uma pesquisa séria, comprometida e com resultados válidos.

Perceba: o fim disso tudo são os resultados. Válidos, vale frisar. Repare que toda pesquisa, científica ou não, tem resultados. Eu posso, por exemplo, reunir alguns amigos de faixa etária semelhante, com grau de escolaridade semelhante e outras características que permitem colocá-los num segmento social único, para realizar uma pesquisa de intenção de voto. Chegando à conclusão de que 90% deles irão votar no mesmo candidato A, tenho um resultado: o de que, entre as pessoas do grupo X (com as características que selecionamos), o candidato X tende a conquistar 90% dos votos. Do ponto de vista científico, contudo, ele é válido?

Veremos, mais à frente, que não. Porque há um método específico para extração da amostra que me permite, com uma margem de erro próxima a zero, concluir a real intenção de voto daquele perfil social.

Falar em metodologia, desta feita, é falar no "saber sobre o saber-fazer das práticas científicas" (BITTAR, 2017, p. 45), isto é, na ciência que nos fornece o instrumental necessário para construir a própria ciência e se pensar a respeito de suas práticas (BITTAR, 2017, p. 46).

Mas para que os métodos? Fora do escopo científico, nossas pesquisas podem ser meras buscas por conhecimento de qualquer natureza. Considerando, todavia, o que pretende a ciência, os métodos servem para responder a perguntas oriundas de uma lacuna relevante no conhecimento sobre determinada temática. Sem a lacuna, não há razão para pesquisar. Assim,

> [r]ealizamos uma pesquisa científica quando objetivamos contribuir para o crescimento da ciência, quando nos propomos a testar uma determinada tese ou a refutar (invalidar) outras já desenvolvidas, por meio do confronto de fatos e fenômenos da natureza que venham a validar ou invalidar as teorias propostas (VIEIRA, 2012, p. 3).

De modo bem prático, Umberto Eco (2007, p. 53) nos ensina que a pesquisa científica deve "dizer coisas que não tenham já sido ditas ou rever com uma ótica diferente coisas que já foram ditas". Assim, exemplifica o professor italiano que um escrito que nos ensina como fazer a casa de um cachorro não tem caráter científico, pois não inova em nada no conhecimento sobre o qual se debruça, é um mero manual de instruções.

> Juristas continuamente fazem afirmações sobre a habilidade do sistema judicial de afetar a opinião pública, frequentemente com uma citação aprovadora de Rostow ou Bickel. Há, entretanto, literatura empírica sobre o conhecimento público de opiniões ju-

diciais que não apoiam essas afirmações, mas ela nunca é citada (ROSENBERG, 2000, p. 168-169).

Por outro lado, se o autor confronta todos os métodos existentes para a construção do mesmo objeto, já temos uma modesta pretensão científica (ECO, 2007, p. 53). Aproveitando o exemplo, melhor ainda seria se o autor partisse da premissa de que o modo de construir casa de cachorro, pelos métodos vigentes, é insuficiente, por qualquer motivo que seja, trazendo luz à reformulação dos métodos para que melhor atendam à finalidade do bem em questão.

No ambiente jurídico, a explicação de um determinado instituto previsto nas normas que regulam a instrução processual cível, bem como dos conceitos a ele inerentes, tem natureza de **documento técnico**, voltado à formação profissional; por outro lado, se identificada uma questão relevante (problema de pesquisa), por exemplo, relacionada às consequências desta aplicação ou a eventuais lacunas (seja da legislação, seja da literatura), se estaria diante de um trabalho **científico.**

Entendendo o que é uma pesquisa científica, passamos à segunda pergunta: *Como se faz uma pesquisa empírica quantitativa?*

Bem, já dissemos que a pesquisa empírica é, em suma, aquela que se vale de dados da realidade, extraídos pelo pesquisador, para o enfrentamento da problemática posta. Porém, a abordagem empírica pode ter duas naturezas: qualitativa ou quantitativa.

A pesquisa qualitativa visa explicar comportamentos. Nesse tipo de abordagem, o pesquisador se aprofunda em questões sensíveis do objeto investigado. Podemos dizer que ele "desce à raiz do problema" para explicá-lo com pormenores. Por essa razão, a pesquisa qualitativa não se compromete em apresentar respostas para um quantitativo relevante (generalização) de pessoas, instituições ou casos. Se a proposta é aprofundar, por outro lado é preciso restringir o objeto, não sendo possível falar em representatividade numérica nesse tipo de abordagem.

Alguns exemplos de pesquisa qualitativa: entrevista, observação sistemática, estudo de caso, etnografia, análise de conteúdo, análise crítica do discurso etc.

Por sua vez, a pesquisa quantitativa visa a realizar inferências descritivas ou causais, por meio do uso de dados quantificáveis. Em outras palavras, operacionalizando-se construtos teóricos, "visa à transformação de informações não estruturadas em dados numéricos" (CASTRO, 2017, p. 40).

Preocupada, por sua vez, com a representatividade numérica de seu objeto, a pesquisa quantitativa não vai realizar o aprofundamento qualitativo nele. De outro modo, essa abordagem (quantitativa) com alto potencial de produzir resultados generalizáveis deve ser utilizada para uma série de situações, tais como aquelas que envolvem tempo, proporção, divisão, conjuntos, causalidade, chances, associação, probabilidade, correlação, interação, custo etc.

Entendendo o escopo da pesquisa quantitativa, finalizamos este item com mais uma pergunta, que será respondida ao longo do próximo: *como saber, dentre a abordagem qualitativa ou quantitativa, qual método escolher?*

O problema de pesquisa

> *Um pesquisador individual é muito mais propenso a alcançar seus objetivos, mesmo que restritos, quando elabora suas perguntas de pesquisa de um modo que atraia o interesse dos outros* (EPSTEIN; KING, 2013, p. 71).

A pergunta que encerrou o item anterior tem, propositalmente, uma atecnia: o termo "escolher". Entenderemos isso quando ficar claro que a adoção do método adequado passa necessariamente pelo *problema de pesquisa*.

O problema de pesquisa "consiste em um enunciado explicitado de forma clara, compreensível e operacional, cujo melhor modo de solução ou é uma pesquisa ou pode ser resolvido por meio de processos científicos" (MARCONI; LAKATOS, 2003, p. 127). Trata-se do elemento que dá cientificidade à pesquisa. Sem ele, a pesquisa pode ser um ensaio, um parecer, um material de aula – todos eles redigidos com excelência e com ótimos aportes teóricos – mas não será uma pesquisa científica.

Por representar a lacuna no conhecimento à qual nos referimos no item anterior, muito se recomenda que o problema de pesquisa seja formulado mediante uma *pergunta*. E, por isso, também pode ser chamado de "pergunta de pesquisa", "pergunta-problema", "pergunta de partida" ou "pergunta norteadora".

É justamente para a solução dessa pergunta que se desenvolve a pesquisa (no caso, aqui, empírico-quantitativa): busca-se obter elementos para a construção de uma **resposta** (ainda que parcial e nos limites do objeto da pesquisa) que contribua para o aperfeiçoamento daquele ramo do saber, v. g., preenchendo lacunas, explicando questões duvidosas e, principalmente, testando afirmações da literatura sobre o tema, muitas vezes carentes de comprovação empírica.

Diante disso, o que primeiro se identifica é a natureza do problema. Só depois identificamos o método. Assim, veremos que a relação problema-método não é de conveniência do pesquisador, mas sim de **adequação**. A partir do momento que formulamos uma pergunta de pesquisa empírico-quantitativa, não há escolha, o método é empírico-quantitativo.

IMPORTANTE LEMBRAR! **O método a ser utilizado será sempre aquele adequado à natureza da pergunta de pesquisa.** Não se responde pergunta dogmática com dados empíricos, tampouco pergunta empírica (concreta) com revisão de literatura ou técnicas de interpretação de normas jurídicas.

Problema de Pesquisa: Por quê?

- ❏ *problem-driven research*
- ❏ pesquisa científica existe para responder perguntas (de que tipo?);

- ❏ pesquisa científica: atividades voltadas à solução de uma questão científica;
    - ❏ não existe pesquisa na mera exposição aprofundada de um tema;
    - ❏ não existe pesquisa na mera divulgação de uma ação ou de um projeto;
    - ❏ não existe pesquisa na mera apresentação de bandeiras ideológicas;
    - ❏ não existe pesquisa na mera apresentação de opinião fundamentada (ensaio);

- ❏ não se trata da solução de meros problemas práticos ou de interesses de clientes ou de grupos;

Fonte: Elaboração dos autores para efeitos didáticos.

Conforme Epstein e King (2013, p. 76), podemos formular um bom problema de pesquisa de diversas formas:

> (1) formulando uma pergunta que a comunidade jurídica possa ver como importante, mas que nenhum outro acadêmico abordou; (2) tentando resolver uma questão que invocou respostas conflitantes; (3) levantando uma "velha" questão, mas tratando-a de uma forma única; (4) coletando novos dados sobre as mesmas implicações observáveis ou implicações completamente diferentes ou (5) aplicando melhores métodos para reanalisar as informações existentes.

Mesmo assim, não é tarefa simples formular um bom problema de pesquisa, especialmente de natureza empírico-quantitativa.

Primeiramente, realizar essa problematização requer aprofundamento na temática em que se está trabalhando. De modo bem prático, requer-se que o pesquisador conheça a produção bibliográfica sobre a matéria. É se debruçando sobre ela – e, na medida do possível, vivenciando-a na prática – que será possível identificar as lacunas de conhecimento que norteiam uma pesquisa científica. Além de diminuir as chances de refazer um trabalho já feito, isto é, "reinventar a roda",

> [f]alhar nesse ponto [não levar em conta as lições dos estudos anteriores] é mais que um desperdício; isso também diminui as possibilidades de que a "nova" pesquisa seja tão bem-sucedida quanto a original, porque o pesquisador está, de fato, ignorando a sabedoria coletiva adquirida desde aquele primeiro passo (EPSTEIN; KING, 2013, p. 74).

Em segundo lugar, o pesquisador deve refletir sobre o objetivo de sua pesquisa. Diante da problemática posta, que contribuição se pretende trazer? Nessa reflexão, o problema formulado não pode ser alcançado por uma pesquisa de natureza teórica, histórica, dogmática, tampouco empírico-qualitativa.

Uma investigação que tenha como pergunta a análise sobre a constitucionalidade de um dispositivo de lei que, de fato, é alvo de intensos debates na comunidade jurídica, propondo uma investigação dogmática cautelosa, pode ser uma excelente pesquisa, mas não é empírica, tampouco quantitativa.

> Já o conhecimento científico-substantivo começa onde há o comprovável pela observação controlada por métodos e técnicas de pesquisa empírica (fática). E, por ser assim baseado na observação controlada dos fatos, é o conhecimento menos inseguro que se possa obter (SOUTO, 2014, p. 40).

Inicia-se a dimensão empírica a partir do momento em que a solução do problema científico passa necessariamente pela observação e pela análise de informações coletadas no mundo concreto (fatos), cujas repercussões possam, por exemplo, potencialmente ter relevância para o conhecimento sobre os efeitos das normas jurídicas ou sobre o funcionamento das instituições do sistema de justiça.

Quando se analisam os fundamentos utilizados pelo Supremo Tribunal Federal, investigando se são jurídicos ou se enquadram em definições metajurídicas, pode-se estar fazendo uma excelente pesquisa empírica, mas, pela natureza do objeto (no caso, uma única decisão), ela será qualitativa.

Por outro lado, temos as problematizações que só podem ser respondidas a contento com o emprego de métodos empíricos quantitativos, como os que serão trabalhados ao longo deste livro. Vejamos alguns exemplos: Magistrados mais bem remunerados apresentam maior produtividade? As limitações impostas à interposição de um recurso tornam o processo mais célere? Há correlação entre o crescimento da pobreza e o aumento da violência em uma determinada localidade? Juízas aplicam penas mais duras do que juízes em julgamentos de crimes de violência contra a mulher?

Os problemas de pesquisa de natureza quantitativa não estão por si distantes dos juristas e das demais formas de pesquisa jurídica: embora estejam ligados a números (representatividade numérica), auxiliam questões teóricas e dogmáticas no **teste de realidade** quanto ao acerto (ou não) dessas proposições.

Criticando o movimento de alterações legislativas do sistema processual, Barbosa Moreira trouxe a seguinte reflexão:

> Antes de reformar a lei processual (*rectius*: qualquer lei), mandam a lógica e o bom-senso que se proceda ao diagnóstico, tão exato quanto possível, dos males que se quer combater e das causas que os geram ou alimentam. Nenhum médico digno desse nome prescreve remédios e tratamentos sem inteirar-se de que mal padece o doente, e por quê. Se o nosso intuito, v. g., é o de acelerar a máquina da Justiça, necessitamos saber quais as peças que estão rendendo menos, e como penetra no mecanismo a areia que as desgasta. Sem essa prévia verificação, nenhum critério sólido teremos para empreender o trabalho da reforma. Corremos o risco de sair a atacar moinhos de vento, enquanto deixamos em paz e sossego os verdadeiros inimigos (MOREIRA, 2000, p. 161).

Em terceiro lugar, além do potencial diagnóstico das questões teóricas, deve o problema ser viável de ser investigado e respondido. Eis aqui um dos grandes calos daqueles que iniciam uma pesquisa quantitativa sem uma base metodológica bem construída.

Retomemos as perguntas apresentadas no início do capítulo: Magistrados mais bem remunerados apresentam maior produtividade? As limitações impostas à interposição de um recurso tornam o processo mais célere? Há correlação entre o crescimento da pobreza e o aumento da violência em uma determinada localidade? Juízas aplicam penas mais duras do que juízes em julgamentos de crimes de violência contra a mulher?

Nas quatro perguntas-exemplos de problemas quantitativos retromencionadas, você percebeu como elas foram formuladas de modo genérico? Evidentemente, em cada uma delas, faltavam elementos que as delimitavam a algo suscetível de resolução. Entender a premissa universal de que toda pesquisa é limitada e de extrema importância ao "pesquisador quanti", uma vez que a investigação depende de seu próprio levantamento.

Por isso, ao formular o seu problema de pesquisa de natureza quantitativa e ao apresentá-lo na introdução do seu trabalho, lembre-se de fazer o que chamamos de *corte metodológico*, em ao menos três níveis: espacial, material e temporal.

Esse corte permite entender até onde alcança a pesquisa. Assim, mensuramos as contribuições e, não menos importante, as limitações da pesquisa – o que permite que outros pesquisadores deem continuidade a investigações com o mesmo objeto, mas com recortes diferentes.

Exemplo disso é a dissertação de mestrado de um dos autores deste livro – orientada pelo outro autor – que versou sobre a análise do comportamento judicial de não seguir uma imposição legal. Fazendo o necessário corte metodológico, definiu-se (1) a matéria, que era a não designação *contra legem* das audiências previstas no art. 334, CPC, em ações de procedimento comum cível – o que permitiu filtrar processos em que tal fato não ocorreu –, (2) o espaço, escolhendo-se as varas cíveis da comarca do Recife/PE, e (3) o tempo, fixando-se um intervalo de dois anos (PAULA FILHO, 2020).

IMPORTANTE LEMBRAR! Falar em problema de pesquisa quantitativo é falar em proposição de diagnóstico a problemas teóricos, para melhorá-los, não por mais uma abordagem teórica, mas pela "tentativa-erro" dessas questões. Isso requer conhecimento da produção bibliográfica (ou, como muitos gostam de dizer: do *estado da arte*) e, não menos importante, da realização de um bom corte metodológico que permita trazer a pesquisa a uma dimensão viável e observável, sendo possível compreender seu alcance e seus limites.

A hipótese

Como visto, não é tarefa fácil propor um bom problema de pesquisa de natureza quantitativa. Afinal, por mais que o problema seja, de certo modo, uma pergunta, a tarefa exige algumas reflexões para além de, somente, encontrar uma lacuna no conhecimento científico – neste caso, além de científico, jurídico – e, em cima disso, elaborar uma pergunta.

Quando se trata de pesquisa científica, antes de qualquer coisa, a pergunta precisa ser passível de resposta (este é um óbvio que precisa ser dito!). Uma resposta muito clara, palpável. Evidentemente, não se supõe que o pesquisador deva saber ou poder prever a resposta desde quando problematiza uma questão, pois isso invalidaria por completo a pesquisa. Como dito, a ciência não se preocupa com o que já está respondido[3].

Por tal razão, é imprescindível que, ao formular uma pergunta de natureza quantitativa, o pesquisador apresente sua(s) hipótese(s) de pesquisa.

O vocábulo "hipótese" vem do grego e sua etimologia sugere se tratar de uma "posição fraca" (*hypo*: fraca / *thesis*: posição). A hipótese é uma possível resposta ao problema de pesquisa, a ser utilizada como norte para os testes empíricos a serem operados. Ao final, o pesquisador confirmará ou negará a hipótese de pesquisa (e com isso, ela deixará de ser uma "*posição fraca*", passando a ser a resposta fundamentada no experimento feito).

Essa "resposta provisória ao problema" pode ser construída com base em diversas fontes do conhecimento, como observações do próprio pesquisador, resultado de outras pesquisas, teorias da literatura sobre o tema, ou ainda, intuições. Como em uma pesquisa científica não há compromisso em confirmar ou negar uma hipótese, não há exigência em construí-la com base em um conhecimento científico prévio.

A propósito, isso é algo interessantíssimo quando observamos as pesquisas quantitativas, pois elas apresentam um forte potencial de desmascarar "verdades intocáveis" do senso comum do mundo do Direito. Por exemplo: em que pese se diga com frequência que o Supremo Tribunal Federal é uma corte ativista (e esta pode muito bem ser uma possível hipótese de pesquisa) há levantamentos empíricos que apontam justamente

---

3. A propósito, esse é um erro muito comum em projetos de pesquisa da área jurídica e correlatas – em todos os níveis: graduação, mestrado e doutorado. Há uma questão de vaidade em muitos casos: os pesquisadores já começam o trabalho sabendo como responderão a sua pergunta de pesquisa. Essa é uma resposta "nada científica".

para posturas autocontidas do referido tribunal (cf. GOMES NETO et al., 2017; PONTES et al., 2017).

A importância de se construir uma boa hipótese é, primordialmente, demonstrar que o problema é passível de resposta e, portanto, apto a solucionar um "impasse". Especialmente nas pesquisas cujo objetivo é verificar relações de associação ou dependência entre variáveis, o enunciado claro e preciso das hipóteses é requisito fundamental para a validade do estudo (PRODANOV; FREITAS, 2013, p. 123).

Nesse sentido, quando não for possível identificar de modo exato qual será a resposta do problema, devemos olhar para a(s) hipótese(s) de pesquisa, pois ela(s) demonstrará(ão) como o pesquisador irá direcionar a investigação. Veja-se o exemplo a seguir:

Uma possível pergunta de pesquisa em Direito processual civil seria: quais documentos influenciam o magistrado a conceder o benefício de gratuidade judiciária a um jurisdicionado? As hipóteses, neste caso, seriam aquilo que será testado pelo pesquisador para a resposta ao problema. Seria possível utilizar estes três exemplos de hipóteses testáveis: a) o imposto de renda é um documento que influencia o magistrado a conceder o benefício; b) o contracheque é um documento que influencia o magistrado a conceder o benefício, e c) o extrato bancário é um documento que influencia o magistrado a conceder o benefício.

Ao propor o referido problema e delimitá-lo nas hipóteses descritas, o pesquisador deixa claro o caminho que seguirá. Repare que, no caso prático, já se sabe quais documentos serão objeto de suas testagens empíricas (declaração de imposto de renda, contracheque ou extrato bancário) e quais não serão (ex.: comprovante de residência, conta de energia/água ou eventuais gastos com saúde), restando evidente como será respondido o problema.

Na pesquisa quantitativa, a hipótese se divide em duas categorias: alternativa ou nula. Essa divisão nos permite compreender o caminho que será adotado pelo pesquisador. Vejamos algumas delas.

Hipótese alternativa: direcional x não direcional

Na linha do que se vem apresentando, a hipótese é direcional quando o pesquisador faz (ou extrai da literatura) uma previsão sobre a direção ou sobre os resultados esperados do estudo (CRESWELL, 2010, p. 270). Assim, a pesquisa cuida de, mais diretamente, confirmar ou negar aquela afirmação.

Por outro lado, a hipótese tem natureza não direcional quando o pesquisador faz uma previsão, mas a forma exata das diferenças (por exemplo: maior, menor, mais ou menos) não é especificada, porque, no início da investigação ainda não se sabe o que pode ser previsto a partir da literatura anterior (CRESWELL, 2010, p. 270).

Por exemplo, em uma análise por regressão logística (a ser estudada no capítulo 7 da parte II), pode-se identificar que a juntada de contracheque exerce mais influência na decisão de conceder o benefício de gratuidade judiciária que a juntada de declaração de Imposto de Renda (a depender da significância dos dados colhidos, pode-se, inclusive, precisar em quanto aumentam as chances de concessão em cada caso).

Tipo de hipótese alternativa (H_n)	Formato	Exemplo
Direcional	O pesquisador testa uma previsão da literatura sobre a direção ou sobre os resultados esperados	Magistrados mais bem remunerados são mais produtivos
Não direcional	O pesquisador não consegue extrair da literatura uma previsão exata a ser testada	Há fatores específicos que influem na decisão quanto a realizar a distribuição dinâmica do ônus da prova

Fonte: Elaboração dos autores para efeitos didáticos.

Hipótese nula

Bastante utilizada em estudos quantitativos, ocorre quando o pesquisador faz uma previsão de que, na população geral, não existe nenhuma relação ou diferença significativa entre os grupos em uma variável (CRESWELL, 2010, p. 270).

Inclusive, grandes contribuições empíricas são feitas mediante a formulação de hipóteses nulas. A simples afirmação – devidamente fundamentada na pesquisa, claro – de que duas variáveis não têm relação pode ser, em si, uma grande descoberta. Isso acontece quando cientistas descobrem que, para uma determinada enfermidade, um tratamento eventualmente utilizado é sem eficácia. Isso já é bastante relevante para a ciência médica, pois direciona melhor os próximos estudos para o tratamento efetivo da doença.

> A meta comum em todos os testes estatísticos que serão apresentados aqui é verificar a chance de erro ao se rejeitar a hipótese nula e, sendo o erro aceitável, assumir a hipótese alternativa que é a de que existe alguma associação entre as variáveis testadas (CERVI, 2014, p. 9).

Creswell (2010, p. 166) sugere um modo didático de redigir uma hipótese nula, qual seja, iniciando a oração com "Não faz diferença/relação". Valendo-se do exemplo citado linhas atrás sobre a relação de determinados documentos com a concessão da gratuidade judiciária em processos cíveis, pode-se construir uma hipótese nula como "a juntada de contrato de prestação de serviços advocatícios com cláusula *pro-bono* não faz diferença para a concessão da gratuidade judiciária".

Tipo de hipótese	Formato	Exemplo
Alternativa (H_n)	Existe relação entre as variáveis a serem testadas	O tipo do documento juntado influencia na decisão que aprecia o pedido de concessão do benefício da justiça gratuita
Nula (H_0)	Não há relação entre as variáveis a serem testadas	O tipo do documento juntado **não** influencia na decisão que aprecia o pedido de concessão do benefício da justiça gratuita

Fonte: Elaboração dos autores para efeitos didáticos.

Codificação: dos casos (população ou amostra) às variáveis

> *Dados bem coletados podem resultar em poderosas ideias e descobertas. Já os dados coletados de maneira imprópria podem gerar resultados muito enganosos. Para estabelecer ou interpretar uma afirmativa baseada em dados, é crucial que o profissional seja capaz de pensar criticamente sobre o método de coleta de dados (LOCK et al., 2017, p. 26).*

Fixados o problema a resolver e as hipóteses a serem testadas, já nos encaminhamos para poder executar a pesquisa projetada. Com esses dados, podemos pensar nos casos e nas variáveis que serão testadas. Contudo, você pode se questionar agora: o caso é somente uma determinada narrativa? Esse é um pensamento normal para quem trabalha com "casos práticos". Muitos pesquisadores em Direito fazem uma confusão: limitam "caso" a algo como uma "jurisprudência", "decisão", ou narrativa "capa a capa" do processo. Na pesquisa quantitativa, "caso" é algo bem mais amplo do que isso.

O que se pretende é coletar atributos (informações ou características) do objeto para depois analisá-los em conjunto ou separadamente: não se trata de uma análise do objeto e/ou da sua natureza (CERVI, 2014, p. 12).

A bem da verdade, os *casos* são os fatos de onde serão extraídos os dados da realidade que serão observados e codificados. A *codificação* é a transformação dos dados (informações sobre os fatos) em expressões numéricas (variáveis), de modo a torná-los quantificáveis (contáveis): sujeitos a operações matemáticas e geométricas.

O caso pode ser, sim, o inteiro teor de um processo, mas pode ser um recorte específico de um processo inteiro (como uma série de atos processuais ou uma decisão judicial), um contrato, uma audiência pública, um boletim de ocorrência, uma lei, projeto de lei ou norma administrativa, um ato qualquer de natureza pública ou privada.

Mais do que isso, o caso pode ser um conjunto de pessoas ou instituições. Por exemplo, quais os casos a serem analisados para identificar a correlação entre determinada política aplicada em uma unidade prisional com o índice de recorrência dos apenados? Os casos estudados são as pessoas! Sim, dentre os diversos reclusos naquela unidade prisional (casos) se deverá identificar quais foram beneficiados pela política aplicada (esta é uma variável a ser estudada), e quais destes foram reincidentes (outra variável a ser "cruzada" com a primeira).

A seleção dos casos se faz por meio da identificação da *população* e, se preciso, da extração da *amostra*. A *população* ou *universo* é o total de casos passíveis de serem observados pelo pesquisador na pesquisa a ser realizada. Naturalmente, os indivíduos ou objetos que compõem uma população devem apresentar ao menos uma característica em comum (CERVI, 2017, p. 37).

A população pode ser *finita ou fechada*, quando o pesquisador já tem sua dimensão exata (ex.: uma pesquisa sobre o tempo de cumprimento de pena privativa de liberdade em uma determinada unidade carcerária e em um recorte temporal específico) ou ainda, *infinita ou aberta*, quando não é possível se estabelecer com exatidão os limites da amostra (como a quantidade de ações julgadas procedentes em uma matéria repetitiva em um determinado tribunal) (CERVI, 2017, p. 37).

Diante de populações abertas ou muito grandes (de modo que inviabilize a análise de todo o universo), faz-se necessário extrair uma *amostra*. A amostra é um conjunto representativo de casos extraídos de uma população.

Não é tarefa simples extrair adequadamente uma amostra, especialmente para nós, juristas e cientistas de áreas correlatas. Isso porque analisar um número de casos qualquer (ex.: 60 casos num universo de 100) provavelmente não nos entregará a precisão desejada[4].

Se queremos, por exemplo, identificar o índice de acordos de uma Central de Conciliação que teve um volume de, por exemplo, 20.000 audiências no ano, precisamos realizar um cálculo amostral que nos permita projetar, com precisão, números referentes ao todo.

Aprofundaremos na relação entre população e amostra, notadamente ao tratar de inferência estatística a partir do próximo capítulo.

Por sua vez, as informações a serem estudadas a partir dos casos são chamadas *variáveis*. Numa pesquisa quantitativa, a partir do momento em que se pode de algum modo mensurar os conceitos com os quais se pretende trabalhar, teremos variáveis. Em suma, uma variável é uma versão mensurável de um conceito (STOCKEMER et al., 2019, p. 13).

As variáveis: dependente (resposta, Y) e independente (explicativa, X)

Imagine uma pesquisa cujo escopo é o de avaliar o resultado de audiências de conciliação a partir da qualificação dos seus facilitadores, analisando se o fato de o profissional ter passado pelo curso completo fornecido

---

4. Realizando-se o cálculo de extração da amostra, nos moldes a serem demonstrados no próximo capítulo, verifica-se que no hipotético exemplo de 100 casos – em que, pelo tamanho da população o ideal seria estudar todos os casos – caso haja opção por realizar amostragem, o número mínimo a se observar seria de 80 casos, para obter o nível de confiança de 95% (com 5% de margem de erro), parâmetros padrões para Ciências Sociais Aplicadas.

pelo Conselho Nacional de Justiça (CNJ) influencia no resultado dessas audiências. Nesse caso, só faz sentido uma investigação quantitativa se houver variação entre a qualificação dos facilitadores do órgão estudado (parte deles tenha passado pela referida qualificação e parte não). Se, por outro lado, todos os facilitadores forem igualmente capacitados, não teremos, na prática, a variável que se pretende testar e não poderemos extrair os dados necessários para responder ao problema de pesquisa.

Um estudo quantitativo tem ao menos duas variáveis: a **variável dependente** (também chamada de *variável resposta*, representada pela letra Y) e a **variável independente** (ou *variável explicativa, regressora*, representada pela letra X).

A variável *dependente* representa o fenômeno do que se pretende explicar (basicamente, o centro do problema de pesquisa – por isso é chamada de resposta). A *independente*, por sua vez, representa as características extraídas dos casos cuja provável associação com o fenômeno se pretende testar, ou seja, é (são) ela(s) que explica(m) o resultado que nos interessa (WHEELAN, 2016, p. 192).

> [...] dá-se o nome de **variável dependente** àquela variável que se pretende explicar; de **variáveis independentes** ou **regressores** a todos os fatores relevantes, inclusive o fator que é objeto de estudo; e de **variáveis de controle** ao conjunto de variáveis independentes que são relevantes, mas serão mantidas fixas (TIRYAKI, 2017, p. 5-6).

Como será visto, é importante ter um cuidado no preenchimento da matriz: a primeira coluna corresponderá à variável dependente (Y) e as demais correspondem às variáveis independentes (X1, X2, X3 etc.).

Veja o exemplo abaixo, em que se estuda a influência da modalidade do plano de saúde e o êxito nas demandas judiciais de revisão de reajuste de preço:

Casos	Y	X1	X2	X3
Processo 1	1	1	0	0
Processo 2	0	0	0	0
Processo 3	0	0	1	0
Processo 4	1	1	0	0
Processo n	1	0	0	1

Fonte: Elaboração dos autores para efeitos didáticos.

No exemplo acima, que envolve o teste de uma relação causal (*seria "A" a causa de "B"?*), a variável dependente (Y) corresponde ao **êxito no pedido de revisão** do reajuste. Em seguida, temos as variáveis independentes (X), relacionadas às diversas **modalidades de planos de saúde** (onde, hipoteticamente, X1, X2 e X3 correspondem, nas colunas da planilha, respectivamente, aos planos individual ou familiar, coletivo empresarial e coletivo por adesão).

Numa outra pesquisa hipotética de mesma natureza, que investiga se a variação da remuneração de juízes influencia sua produtividade, a variável dependente (resposta, Y) é a **produtividade**, pois é ela que vai fornecer de modo mais direto o dado que responde ao problema de pesquisa. A **remuneração**, então, seria a variável independente (explicativa, regressora ou X1).

Se o que se testa é se a idade do magistrado influencia na sua produtividade, seguimos a mesma lógica: a produtividade segue sendo a variável dependente (Y) enquanto a (variação da) idade corresponderá à variável independente (X2). Para a adequada interpretação do dado pelo aplicativo de análise estatística (JASP, PSPP, RStudio ou similar) a segunda coluna, correspondente à variável resposta (Y), deve ser preenchida primeiramente, preenchendo-se em seguida as colunas posteriores, equivalentes às variáveis explicativas (X1, X2, [...], Xn).

As lições aqui lançadas tratam de uma breve introdução sobre as variáveis. Dedicaremos todo o capítulo 3 desta parte I para o aprofundamento no estudo das variáveis, de sua codificação e do preenchimento de matrizes.

IMPORTANTE LEMBRAR! Na maioria absoluta dos estudos quantitativos, o desenho de pesquisa relaciona duas ou mais variáveis, sendo sempre uma (dependente) relacionada ao resultado (Y), primeira coluna da matriz, e o restante (Xn), variáveis explicativas (independentes) a serem testadas, colunas seguintes da matriz.

UMA DICA IMPORTANTE: **Ferramentas para a análise estatística de dados.**

Lista exemplificativa de aplicativos gratuitos de análise estatística de dados (potencialmente utilizáveis para empregar as ferramentas tratadas neste livro):

Aplicativo	Desenvolvedor	Licença	Disponível em:
JASP*	University of Amsterdam	Gratuita	https://bit.ly/3ofsxnu
PSPP	GNU.org	Gratuita	https://bit.ly/3ooHIet
RStudio	RStudio	Gratuita	https://bit.ly/3EhveKR
Statistical Lab	Freie Universität Berlin	Gratuita	https://bit.ly/3Gc6GUn
SOFA Statistics	Paton-Simpson & Associates Ltd	Gratuita	https://bit.ly/3rvd7h5
Gretl	GNU.org	Gratuita	https://bit.ly/3dfPbGd
SageMath	William A. Stein	Gratuita	https://bit.ly/3Emr9oQ
DataPlot	National Institute of Standards and Technology (NIST)	Gratuita	https://bit.ly/3rus03l
PAST	Oyvind Hammer	Gratuita	https://bit.ly/31pGaYF

* Os exemplos apresentados na parte especial (2) deste livro foram desenvolvidos utilizando o aplicativo de código livre JASP.

2
Amostragem
Compreendendo o todo através das partes

> *Um dos usos da estatística mais amplamente apreciados tem sido a pesquisa por amostragem. A maioria dos leitores estará familiarizada com a pesquisa de opinião, em que uma pequena amostra de pessoas escolhidas aleatoriamente é consultada para prognosticar as opiniões de uma população inteira* (SALSBURG, 2009).

Digamos que seu projeto (tese de doutorado, dissertação de mestrado, iniciação científica etc.) trate de um problema de pesquisa relacionado a uma especificidade do comportamento decisório dos ministros do Supremo Tribunal Federal (STF) quando do julgamento colegiado ou monocrático das ações diretas de inconstitucionalidade (ADI). Ao acessar o acompanhamento processual no sítio eletrônico do STF, você descobre que já foram instaurados aproximadamente 7 mil processos desta natureza e chega à conclusão de que não terá como coletar as informações necessárias de todos estes casos, imaginando ter sua pesquisa encerrada antes mesmo de nascer. E agora?

Tal situação, que facilmente poderia levar ao desespero uma pesquisadora ou um pesquisador em Direito (com problema de pesquisa quantitativo), na verdade, é algo comum aos estudos quantitativos em geral, resolvido de forma relativamente simples. **Mágica?** Não. Ciência, com apoio em conhecimentos da matemática e da estatística.

Analisemos, assim, as seguintes outras situações:

• Ouvindo apenas 1,2 mil pessoas, um instituto de pesquisa antecipa de forma precisa o resultado eleitoral de um município habitado por milhões de eleitores, com margem de erro de apenas 2% para mais ou para menos.

• Coletando um pequeno tubo de sangue, o biomédico tem condições de fazer um diagnóstico preciso sobre a presença de uma infecção naquele corpo ou sobre a variação de taxas importantes para o regular funcionamento do organismo.

• Estudando um grupo de aproximadamente 20 mil donas de casa, pesquisadores britânicos identificaram padrões de consumo concretos para toda a população inglesa, com alto grau de precisão.

Como tudo isto é possível? Por meio da técnica denominada **inferência estatística**[5].

> Esse processo de aprendizado sobre populações a partir de amostras é denominado inferência estatística (EPSTEIN; MARTIN, 2014, p. 117).

Trata-se de um processo de coleta de dados originados em uma parcela do objeto de estudo para a produção de um juízo informado (inferência estatística) sobre o todo estudado (população ou universo), igualmente preciso, desde que realizada por meio de procedimentos adequados (WHEELAN, 2013, p. 21). Dessa forma, conclusões efetivas sobre o fato estudado, baseadas em evidências concretas e com alto grau de precisão, podem ser obtidas por estudos quantitativos baseados no espaço amostral, isto é, numa quantidade inferior de casos, efetivamente representativa do conjunto total.

> [...] Como [muitas vezes] é impossível observar toda a população de interesse a um estudo, na prática, o que se faz é um estudo de parte da população, estuda-se uma amostra aleatória da população (MEDEIROS et al., 2013, p. 23).

Em grande número de pesquisas, o acesso à **totalidade dos casos** (representada pelos termos **universo** ou **população (N)**, na linguagem matemática) relativos a determinados fenômenos (objeto de investigação) é impossível, muito difícil, custoso ou simplesmente desnecessário. Utilizando-se de técnicas estatísticas precisas, a amostragem nos oferece a oportunidade de conhecer importantes características do todo, mediante profunda análise de uma fração (amostra ou *sample*) cuidadosamente colhida, segundo critérios estatísticos preestabelecidos.

---

5. O que jamais exclui a possibilidade (e a escolha) de eventualmente se realizar juízos informados sobre o fenômeno a partir da análise estatística da totalidade dos casos (universo ou população), o que se convencionou chamar de **censos** entre os estudos quantitativos (MOORE et al., 2014).

> Uma pesquisa por amostragem coleta informações sobre uma população selecionando e medindo uma amostra da população. O objetivo é uma imagem da população o menos perturbada possível pelo ato de coletar informações (MOORE et al., 2014, p. 359).

Segundo Anderson et al. (2012, p. 12), a **população** (universo) é "[...] o conjunto de todos os elementos de interesse em determinado estudo [...]", enquanto a **amostra** (*sample*) consiste em "[...] um subconjunto da população", um grupo menor de casos, capaz de fornecer informações suficientes para "[...] fazer estimativas e testar hipóteses a respeito das características da população [...]".

> Mas qual a necessidade de generalizar? Os custos em fazer uma análise total. Imagine que se quer investigar a altura média do povo brasileiro. Teríamos que medir todos os brasileiros, somar as alturas obtidas e dividir o valor pela população inteira. O principal problema dessa proposição seria justamente reunir toda a população do país e mensurar a variável necessária com cada um deles (ROCHA et al., 2017, p. 13).

A amostragem se contrapõe ao **censo**, espécie de pesquisa quantitativa (geralmente volumosa e custosa) que busca coletar informações a partir do contato com todos os indivíduos (casos) componentes da população (MOORE et al., 2014).

> Uma função-chave da estatística é usar os dados que temos para fazer conjecturas informadas sobre questões maiores para as quais não temos informação. Em suma, podemos usar dados do "mundo conhecido" para fazer inferências informadas sobre o "mundo desconhecido" (WHEELAN, 2013, p. 21).

Uma fatia de um bolo, por exemplo, imediatamente, muito nos diz sobre as características essenciais do bolo inteiro, pois, a princípio, seu sabor, sua textura, seu aroma, sua coloração, dentre outras categorias, estão igual e uniformemente distribuídos entre todas as fatias, seja qual for seu tamanho ou seu peso.

Todavia, na maioria das situações, a distribuição dos casos e de suas características, dentro da população (universo) do fenômeno estudado, **não ocorre de maneira uniforme e/ou homogênea** (como ocorre com a situação do bolo), ao revés, sendo influenciada por um componente de aleatoriedade (acaso/chance), motivo pelo qual a inferência (por amostragem) é guiada por rígidas regras estatísticas, voltadas a obter a melhor interpretação sobre o fenômeno estudado, a partir das informações colhidas nos casos integrantes da amostra.

> Em certos casos, os pesquisadores podem desejar avançar relevantes generalizações para uma população geral, mas basear estas generalizações em dados retirados de uma amostra de casos ou sujeitos da população objeto (HEISE, 1999, p. 827).

Do mesmo modo, a obediência a estas regras **afasta infundadas (e muito comuns) críticas à utilização de métodos quantitativos** em pesquisas jurídicas, presentes na literatura jurídica e nos eventos acadêmicos da área, exclusivamente baseadas na constatação de que se estudou "apenas" uma amostra e não a totalidade de casos (v. g., processos, contratos, intervenções policiais, atos de violência familiar, contribuintes tributários).

> A ideia da amostragem é estudar uma parte para obter informações sobre o todo. Os dados são frequentemente produzidos por amostragem de uma população de pessoas ou coisas. [...] Além disso, uma amostra conduzida com cuidado costuma ser mais precisa do que um censo (MOORE et al., 2014, p. 359).

Saber aplicar tais regras e justificar expressamente no seu texto o modo como foram obedecidas na pesquisa contribui de forma eficiente, ao mesmo tempo, para explicar o funcionamento da inferência estatística e para refutar o preconceito resultante da ignorância de quem não está habituado com a pesquisa quantitativa.

> **Amostragem** populacional é o processo de selecionar um conjunto de sujeitos que é representativo da população. A amostragem é necessária sempre que for impossível trabalhar com todos os participantes da população (TIRYAKI, 2017, p. 2).

No que diz respeito à hipótese-exemplo tratada no início deste capítulo, a pesquisa sobre o comportamento decisório dos ministros do STF poderia ser realizada a partir da coleta de dados em algumas centenas de casos (365 para um universo exemplificativo de 7 mil processos), **extraídos aleatoriamente** do período de tempo (série temporal) em que está situada a população, **isto é**, deveriam ser **sorteados** 365 processos, distribuídos entre o processo (1) e o processo (7.000), com a finalidade de serem os casos componentes da amostra, dos quais seriam extraídas as informações generalizantes (inferências) sobre o todo[6] (o conjunto total de decisões tomadas pelo STF naquele tipo de processo).

---

6. Estes números equivalem a uma amostra hipotética coletada aleatoriamente, com intervalo de confiança de 95% e margem de erro de 5% para o respectivo universo hipotético, parâmetros

Viés de amostra (*sample bias*)

> *Crucial para a pesquisa é que a amostra subjacente seja retirada da população de objetos de maneira aleatória e imparcial* (HEISE, 1999).

Enquanto assistíamos à prova masculina do arremesso de martelo (atletismo) nos Jogos Olímpicos de Tóquio, verificamos uma interessante situação: após perceber que acabara de fazer um lançamento ruim, o atleta mexicano Diego del Real **pisou intencionalmente além da área demarcada de arremesso**, invalidando sua tentativa e apagando o registro oficial da distância alcançada, de modo que fossem registradas apenas as outras tentativas consideradas satisfatórias. Questionado sobre isso, o comentarista da transmissão esportiva afirmou ser algo comum entre os atletas das provas de arremesso invalidar deliberadamente tentativas malsucedidas para evitar o registro de *performances* ruins (especialmente em grandes eventos) por motivos variados, que vão desde a mera vaidade à manutenção de patrocínios vinculados a metas e a resultados. A World Athletics, antiga Associação Internacional de Federações de Atletismo – IAAF, sabe de tais condutas e as tolera, sem qualquer manifestação oficial a respeito de seu mérito.

Esse tipo de conduta (manipulação de dados), embora seja algo comum no mundo do atletismo, é inadmissível em uma pesquisa, especialmente na de natureza quantitativa, sendo condição de validade da inferência estatística a coleta imparcial e aleatória de dados, tanto nas pesquisas censitárias (população) quanto nas pesquisas por amostragem. **Portanto, ao fazer uma pesquisa quantitativa, não pise na linha.**

Como mencionado anteriormente, os casos investigados, que se destinam a compor a amostra e dos quais devem ser extraídas as informações relevantes, traduzidas nas variáveis objeto da pesquisa, devem ser **escolhidos por sorteio** dentre aqueles componentes da população (universo). Assim, no estudo hipotético sobre comportamento judicial, os 365 processos (casos) a serem analisados seriam selecionados entre o processo (1) e o processo (7.000), de modo **aleatório (randômico)** e **livre de quaisquer padrões ou intervenções subjetivas do pesquisador (imparcial)**.

---

mínimos admitidos internacionalmente como padrão para Ciências Humanas, Sociais e Sociais Aplicadas (entre as quais o Direito) para qualidade do cálculo amostral (LEVIN et al., 2014).

O viés de amostragem significa que a amostra de uma variável coletada para analisar sua distribuição e seu comportamento é selecionada indevidamente, não representando a distribuição verdadeira devido a razões não aleatórias (i. é, não naturais, principalmente resultantes da conduta do pesquisador). A aleatoriedade da origem dos elementos componentes da amostra é uma das condições de validade do estudo quantitativo amostral, pois se considera **tendencioso (enviesado)** o desenho de um estudo (e por isso não científico) se favorecer sistematicamente certos resultados (MOORE et al., 2014, p. 371). Como condição de validade do estudo quantitativo é necessário que todos os casos da população tenham iguais chances de serem selecionados, como parte integrante do grupo a ser extraído do todo. Se as variações entre amostras e/ou entre os casos componentes da amostra não decorrem exclusivamente das chances, ou seja, de razões aleatórias, então se estará diante de um viés de amostra.

> Uma amostra aleatória simples (SRS) de tamanho n consiste em n indivíduos da população escolhida de forma que cada conjunto de n indivíduos tenha uma chance igual de ser realmente selecionado na amostra (MOORE et al., 2014, p. 397).

Se a amostra não é selecionada aleatoriamente (p. ex., amostra de processos judiciais), não deve ser utilizada na pesquisa quantitativa, por não ser representativa da população para a qual se deseja aplicar a inferência (CASTRO, 2017).

> Talvez o melhor conselho seja sempre começar com a suposição de que existe um viés de seleção de amostra e prosseguir, sempre que possível, com as correções, a menos que haja um argumento forte que se oponha ao problema (BERK, 1983, p. 396).

A melhor maneira de se evitar vieses de amostra é sempre considerar ser alta a probabilidade de sua ocorrência e, a partir daí, verificar a obediência aos protocolos de coletas de dados (garantindo a imparcialidade), bem como checar sempre os parâmetros estatísticos da amostra obtida, pois, apesar das medidas de controle, eventuais defeitos amostrais podem simplesmente decorrer do acaso, sendo necessárias medidas de correção, ou até novas coletas de dados.

> Esse viés ocorre quando a população não é corretamente representada pela amostra que está sendo utilizada na análise (TIRYAKI, 2017, p. 2).

Por exemplo, numa pesquisa hipotética de intenção de votos, uma amostra extraída fundamentalmente num bairro em que houvesse a aceitação quase total de um candidato (v. g., 98%) contaminaria a inferência sobre uma população municipal na qual concretamente existisse uma divisão mais apertada (v. g., 40% e 43%). Ainda no plano hipotético, num estudo sobre a efetividade das conciliações realizadas pelos juízes de direito de uma determinada comarca, uma amostra predominantemente composta por juízes de varas de família contamina o resultado, uma vez que os processos que tramitam naqueles órgãos judiciais teriam por natureza maior tendência a transações do que aqueles envolvendo contratos bancários ou direitos reais imobiliários.

> Ao usar a inferência estatística, você está agindo como se os dados viessem de uma amostra aleatória ou de um experimento aleatório. Se isso não for verdade, suas conclusões podem ser contestadas. Não fique excessivamente impressionado com os detalhes complexos da inferência formal. Esse mecanismo elaborado não pode remediar as falhas básicas na produção de dados, como amostras de resposta voluntária e experimentos confusos (MOORE et al., 2014, p. 646).

Tome-se ainda a seguinte situação concreta envolvendo artigo publicado por dois dos autores. Realizamos pesquisa quantitativa sobre os fatores concretos que influenciavam os juízes de direito das Varas Cíveis da Comarca do Recife na designação (ou não) da audiência preliminar obrigatória prevista no artigo 334 do Código de Processo Civil (CPC) nos processos de conhecimento tramitando pelo rito comum.

Nela, foi devidamente identificado interessante **viés amostral aleatório (fruto do acaso)** que contaminava o resultado final e induzia uma compreensão equivocada sobre o comportamento judicial estudado: fazia parte da amostra uma quantidade relevante de processos tratando de litígios envolvendo o seguro DPVAT, nos quais os juízes **sempre**[7] deixavam de marcar a audiência, por conhecimento prévio disseminado de que naqueles casos as partes deixaram para decidir sobre propostas de conciliação somente após a perícia técnica realizada no curso da instrução, interferindo indevidamente na inferência estatística (PAULA FILHO; GOMES NETO, 2021).

---

7. Sobre pontos fora da curva (*outliers*) e como estes podem influenciar negativamente a amostra aleatória colhida, trataremos de item específico ainda neste capítulo.

E como resolvemos isso? Corrigindo a amostra. Visando a solucionar tal questão, foram excluídos da amostra os processos que tratavam de litígios relativos ao seguro DPVAT e **aleatoriamente sorteada a mesma quantidade de novos casos**, proporcionalmente dividida entre as varas cíveis da comarca do Recife, de modo a revelar a inferência correta sobre a variação do comportamento judicial quanto à designação da citada audiência (PAULA FILHO; GOMES NETO, 2021).

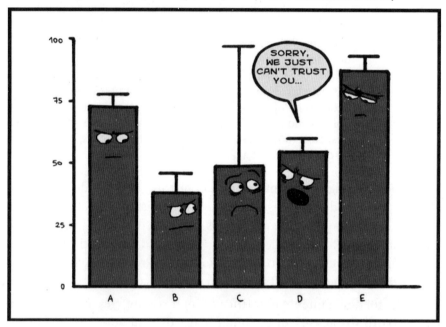

Fonte: https://me.me/i/100-75-so-25-sorry-we-just-cant-trust-you-2007962

Quando um instituto de pesquisa apresenta um prognóstico para um determinado resultado eleitoral, simultaneamente, apresenta a margem de erro de sua análise, com percentuais para mais e para menos, muitas vezes sem condições de cravar um vencedor em cenários muito competitivos, traduzidos em uma amostra de potenciais eleitores sem distribuição acentuada em favor deste ou daquele candidato. Da mesma forma, quando um matemático analisa as chances de rebaixamento de seu time de futebol para a segunda divisão, também informa a margem de erro da previsão, com maior ou menor grau de certeza, dependendo das características dos demais clubes no certame disputado naquele ano.

Tal parâmetro, ao mesmo tempo que representa limites à inferência estatística (seja da amostra como um todo, seja em relação às variáveis consideradas individualmente), também oferece relevante indicativo para análise positiva em relação aos achados da pesquisa quantitativa, permitindo que se faça corretamente a interpretação (juízo informado) dos resultados de análise dos dados.

> Quando o desvio padrão de uma estatística é estimado a partir dos dados, o resultado é chamado de erro padrão da estatística. [...] usaremos o termo "erro padrão" apenas quando o desvio padrão de uma estatística foi estimado a partir dos dados. O termo tem esse significado na saída de muitos pacotes estatísticos de computador e em relatórios de pesquisa que aplicam métodos estatísticos (MOORE et al., 2014, p. 754).

O sentido deste parâmetro estatístico é o desvio aproximado de uma amostra estatística (ou de uma variável componente desta amostra) em relação a uma população. O erro padrão é um termo estatístico que mede o grau de precisão com o qual a distribuição dos dados dentro de uma amostra extraída representa a respectiva população.

> O erro padrão mede a dispersão das médias da amostra. Com que precisão esperamos que as médias da amostra se agrupem em torno da média da população? [...] Um grande erro padrão significa que as médias da amostra estão amplamente distribuídas em torno da média da população; um pequeno erro padrão significa que eles estão agrupados de forma relativamente compacta (WHEELAN, 2013, p. 132).

Trata-se de uma medida quanto à dispersão de dados na amostra: quanto maior for o valor apresentado para a margem de erro (S.E.), mais espalhados seus dados e menos confiável será aquela amostra (ou variável) para oferecer inferências sólidas sobre a população (universo). Vejamos o exemplo que segue.

Numa pesquisa quantitativa hipotética, na qual se busca medir a influência do valor da causa sobre o tempo de tramitação de processos de conhecimento pelo rito comum, a margem de erro pode informar importantes características da amostra obtida. Se uma das variáveis tiver, comparativamente às outras, um desvio padrão maior que as demais, provavelmente estará mal distribuída na amostra ou será um evento raro, o que pode prejudicar o modelo de análise e consequentemente as inferências estatísticas. Neste caso, seria recomendável manter a amostra, mas excluir a variável da análise ou, se possível, repetir a coleta aleatória dos dados e obter nova amostra.

É uma medida da qualidade da amostra colhida, bem como de suas respectivas variáveis, cujos efeitos podem ser corrigidos pela ampliação do tamanho da amostra (coleta aleatória de novos casos a serem agregados à amostra existente)[8] e/ou pela substituição da amostra (coleta aleatória de novos casos para formar nova amostra de igual tamanho da original).

Intervalo de confiança (grau de confiança ou coeficiente de confiança)

> *Os cientistas, em sua maioria, computam limites de confiança de 90 ou 95% e atuam como se estivessem seguros de que o intervalo contém o valor verdadeiro do parâmetro* (SALSBURG, 2009).

O intervalo de confiança é um intervalo de valores (fração da população estudada) que provavelmente inclui um determinado valor dessa população, com um certo grau de confiança. Frequentemente, é expresso como um valor percentual, em que a média dos casos componentes da população está entre um intervalo superior e um inferior. Em Ciências Humanas e Ciências Sociais Aplicadas, adota-se como padrão internacional de pesquisas o intervalo de confiança de 95% (noventa e cinco por cento).

> A inferência estatística tira conclusões sobre uma população ou processo a partir de dados de amostra. Também fornece uma declaração de quanta confiança podemos depositar em nossas conclusões (MOORE et al., 2014, p. 643).

O intervalo de confiança de 95% é um intervalo de valores no qual você pode ter 95% de confiança que aquela amostra contém a verdadeira média dos valores contidos na população. Devido à variabilidade natural da amostra, a média da amostra (ponto central do coeficiente) irá variar de amostra para amostra.

> O grau de confiança é a probabilidade 1-a (como 0,95 ou 95%) de que a amostra realmente contém o parâmetro da população, supondo que o processo de estimativa seja repetido um grande número de vezes (TRIOLA, 2019, p. 300).

---

8. É esperada a redução da margem de erro à medida do aumento do tamanho da amostra, pois grandes amostras são menos propensas a distorção por *outlier* extremo (WHEELAN, 2013, p. 134).

A confiança está no método, não em um valor de confiança específico. Se repetido o método de amostragem muitas vezes, aproximadamente 95% dos intervalos construídos iriam trazer a verdadeira expressão da média do universo trabalhado. À medida que o tamanho da amostra aumenta, a faixa de valores do intervalo ficará mais estreita, o que significa que você sabe essa média com muito mais precisão se comparada com uma amostra menor.

Desse modo, trata-se de um parâmetro importante que, em conjunto com a margem de erro e o valor da população investigada, irá influir no tamanho da amostra a ser extraída da totalidade dos casos.

Em Ciências Humanas e Sociais Aplicadas (onde se encontra o Direito) adota-se por padrão estatístico internacional o intervalo de confiança de 95% (noventa e cinco por cento), enquanto nas Ciências da Saúde e Ciências Exatas se utiliza o intervalo de confiança de 99% (noventa e nove por cento), o que implica a necessidade de colher amostras ainda maiores em relação à população.

Calculando a amostra: quantos e quais casos?

> *Se você não estiver obtendo uma amostra representativa, não obterá um retrato representativo* (SILVER, 2012).

De quantos casos precisamos para obter uma amostra estatisticamente representativa do conjunto total (população)? Não se trata de mera escolha subjetiva dos casos. O tamanho da amostra é objetivamente estabelecido por meio de uma **fórmula padrão**, com base em parâmetros previamente informados pelo pesquisador.

Fórmula de cálculo:

$$n = N.Z^2.p.(1-p) / Z^2.p.(1-p) + e^2.N-1$$

n: amostra calculada

N: população (universo)

Z: variável normal

p: real probabilidade do evento

e: erro amostral

Para tanto, é necessário que se saiba previamente (1) o montante de casos que representa a população (universo); (2) o intervalo de confiança (no nosso caso, 95%, utilizado como padrão para estudos quantitativos em Ciências Humanas e Ciências Sociais Aplicadas); e (3) a margem de erro

(5%, também utilizada como padrão em Ciências Humanas e Ciências Sociais Aplicadas).

Assim, a título de exemplo, no estudo hipotético sobre comportamento judicial, informando-se (1) o universo de 7.000 (sete mil casos), com (2) 95% de intervalo de confiança e (3) 5% de margem de erro, seria obtida uma amostra representativa de **365 (trezentos e sessenta e cinco)** processos (casos) a serem selecionados entre o processo (1) e o processo (7.000), de modo **aleatório (randômico).**

Teremos que pessoalmente calcular o tamanho da amostra por meio daquela fórmula? Não necessariamente. Há vários aplicativos de análise estatística com calculadoras de amostra e vários serviços gratuitos on-line que oferecem calculadoras para aferir o tamanho de amostras.

Seguem abaixo alguns exemplos de aplicativos em nuvem que nos ajudam na tarefa de calcular o tamanho da amostra a ser colhida no universo dos casos sobre o fenômeno a ser pesquisado:

Sample Size Calculator (Survey System)	https://bit.ly/3n1rA2a
Sample Size Calculator (Survey Monkey)	https://bit.ly/3n3PnOO
Sample Size Calculator (RaoSoft)	https://bit.ly/2WJpCZz
Sample Size Calculator (ClinCalc)	https://bit.ly/3yHbXz8
Sample Size Calculator (Qualtrics)	https://bit.ly/3tdN1hs
Sample Size Calculator (stattrek)	https://bit.ly/3zKrTSf
Calculadora Amostral (Comentto)	https://bit.ly/3zJWW0K
Cálculos de Amostragem (SOLVIS)	https://bit.ly/2WW81NQ
Cálculo Amostral Online (calcular e converter)	https://bit.ly/3yFyOuD
Cálculo Amostral (Prática Clínica)	https://bit.ly/2WK6YRl

Obtido o tamanho da amostra, que na nossa pesquisa hipotética corresponde a **365 casos**, estes precisam ser extraídos aleatoriamente (sem intervenção direta do pesquisador) do **universo de 7 mil casos**. Para tanto, diversas ferramentas em nuvem também nos auxiliam no sorteio (randômico) dos casos que irão compor a amostra, reduzindo ao máximo a ocorrência de vieses de seleção. Para isso, bastará informar à ferramenta escolhida o tamanho da amostra e os parâmetros de sorteio, obtendo um resultado semelhante ao apresentado abaixo:

Random Number Table

Random Number Generator | Frequently-Asked Questions | Sample Problems

365 Random Numbers

3994	2125	4386	3293	4293	1050	4863	4966	6807	0331	0555	3713	4536	1826	3602	0957	0761	3677	3724	0416
2695	1303	5237	6658	1798	1246	1947	6779	3115	1545	0872	0256	4788	0341	5294	1089	6817	5069	6789	5995
1452	3770	0826	3564	4144	2517	3695	5059	2050	1620	3639	1769	2172	6219	2079	3976	0789	2752	2733	3257
3321	3368	1919	0704	2246	3845	3592	3218	1527	1396	0480	0947	3022	2584	4724	4172	4873	2705	6041	4471
4714	6433	0498	5565	2798	3144	5760	6882	3097	2068	1096	3414	5611	6490	1929	5443	1481	0985	6836	
2396	4237	4760	4984	6284	0106	6256	2891	5387	5191	2966	1153	6704	3631	5173	1630	6518	6145	6312	
2349	5686	4116	3443	4685	2218	6629	2723	0377	6106	2499	4219	5284	3350	0583	6070	1687	2808	0882	
0630	6480	4190	6209	4340	4742	5508	6508	3265	0078	0181	2022	2545	0911	2210	3033	2182	5817	1313	
0648	5956	3966	4910	3517	0452	1872	4012	1602	4162	1994	3471	1901	6369	0612	5144	2556	0509	3303	
4312	0527	4639	3667	5985	3040	3920	6359	2873	5910	5415	4265	1976	2135	0266	2527	1434	2434	6191	
5461	2816	2620	5536	5583	2275	2919	4461	6060	5807	5433	3742	1751	0836	6444	3378	4799	6939	6387	
0153	2948	1676	6928	1648	0854	0779	5013	5358	0975	2097	5312	2424	6593	1911	5967	1705	2285	0658	
3938	5835	2648	4611	4592	5116	5340	1499	2321	1470	3247	0601	0405	1462	1509	0060	5845	0387	1986	
6583	6031	6732	4564	0900	6330	5657	5041	2574	1844	4938	2592	1321	2855	4574	5639	3705	0939	1285	
3788	0302	3340	2844	1695	6405	1424	6555	6957	0723	1723	3620	2293	0537	2378	2901	3125	4425	5247	
0032	3489	1377	1004	1171	6181	5265	5732	2667	4087	4368	3816	4518	0490	3827	2257	1584	2826	0359	
2442	0929	3546	4667	2741	6854	5882	1200	3396	6134	1573	5088	1125	5771	4621	2331	4350	2481	2883	
4069	4892	4041	0676	3172	4835	0751	0797	4489	5134	4817	1274	1022	5789	4097	2107	3051	1658	5593	
2471	0003	4415	2368	5162	3891	2143	3863	3069	2994	0228	0573	3190	2453	5668	2780	1808	4126	1181	

Specs: This table of 365 random numbers was produced according to the following specifications: Numbers were randomly selected from within the range of 1 to 7000. Duplicate numbers were not allowed. This table was generated on 9/3/2021.

Cada número sorteado representará um caso do qual serão colhidas as variáveis a serem testadas na pesquisa quantitativa proposta, que, no nosso exemplo hipotético, são as ações diretas de inconstitucionalidade (ADI) tramitando no Supremo Tribunal Federal (STF). Assim, o primeiro caso a ser estudado será aquele na posição **3.994**, o que coincide, nesta pesquisa, com a ADI n. 3994, autuada em 30/11/2007; no segundo caso, a ADI n. 2695, e assim por diante até ser estudada a última, a ADI n. 4471, totalizando os 365 processos componentes da amostra sorteada.

Seguem abaixo alguns exemplos de aplicativos gratuitos em nuvem que também nos ajudam na tarefa de sortear os casos a compor a amostra calculada, em relação ao universo dos casos sobre o fenômeno a ser pesquisado:

Random Number Generator (stattrek)	https://bit.ly/38CDBCu
Research Randomizer (randomizer.org)	https://bit.ly/3DJ9doy
Random Number Generator (Calculator Soup)	https://bit.ly/3kQSqHr
Random Number Generator (Calculator.net)	https://bit.ly/2YejwR5
Random Number Generator (GraphPad)	https://bit.ly/3DKkc0N
Gerador de Números Aleatórios (4Devs)	https://bit.ly/3kUewsr
Gerador de Números Aleatórios (Invertextos)	https://bit.ly/3BTmMAb

IMPORTANTE LEMBRAR! Para o adequado funcionamento da inferência estatística é necessário **calcular o tamanho da amostra a ser estudada (mediante os parâmetros apresentados acima) e sortear a totalidade dos casos que irão compor a amostra**.

Assim, sua futura pesquisa quantitativa poderá realizar efetivas inferências estatísticas a partir de uma amostra efetivamente representativa do universo pesquisado, extraída a partir de parâmetros que promovem objetividade e imparcialidade para o conhecimento informado sobre o fenômeno empírico pesquisado por meio de análise amostral.

p-valor (significância estatística)

> *A inferência estatística parte da ideia de que é possível generalizar os resultados de uma amostra para a população. Como podemos garantir que as relações observadas em uma amostra não são simplesmente devidas ao acaso? Os testes de significância são projetados para oferecer uma medida objetiva para informar as decisões sobre a validade da generalização* (FIGUEIREDO et al., 2013, p. 33).

Significância estatística (p-valor ou simplesmente "p") é um conceito de natureza matemática, sem qualquer relação valorativa relacionada à qualidade do trabalho ou ao seu impacto científico. Afirmar que uma pesquisa quantitativa é (ou não) estatisticamente significante ou que a significância estatística é alta ou baixa não diz respeito ao mérito do trabalho ou da pessoa responsável pela pesquisa.

Trata-se de uma importante medida do **alcance da amostra obtida**, especificamente no que diz respeito a uma variável extraída dos casos componentes desta amostra. Diretamente ligada à distribuição dos casos na amostra e à respectiva distribuição das características destes casos (variáveis), esta medida (p-valor ou significância estatística) afere, a partir da variação dos dados na amostra, a capacidade do pesquisador poder extrair afirmações generalizadas sobre o todo, tomando por base apenas os dados analisados pela pesquisa.

> Um teste de significância é um procedimento formal para comparar os dados observados com uma hipótese cuja verdade desejamos avaliar. A hipótese é uma afirmação sobre os parâmetros da população. Os resultados de um teste são expressos em termos de uma probabilidade que mede o quão bem os dados e a hipótese estão de acordo (MOORE et al., 2014, p. 675).

Segundo Figueiredo Filho et al. (2013), quanto menor o valor de p, maior nossa confiança em rejeitar a hipótese nula em favor da hipótese alternativa, oferecendo um parâmetro para entender o quanto aquela variável explica sobre o todo. Serve tanto para medir o grau explicativo daquela amostra em relação ao todo como também para medir especificamente tal relação estatística especificamente entre determinada variável incluída naquela amostra e o restante do universo.

Em Ciências Humanas, Sociais e Sociais Aplicadas, considera-se estatisticamente significativos os resultados de um modelo quando o valor deste coeficiente é igual ou inferior a 0,050, o que equivale a afirmar que a explicação é válida para ao menos 95% (noventa e cinco por cento) dos casos contidos na amostra e apenas 5% dos casos estariam fora da capacidade explicativa do modelo (LEVIN et al., 2014). Por convenção, o valor de p é uma medida contínua de evidência, mas na prática é tipicamente e também aproximadamente traduzido em três categorias: a) **altamente significativo (***)**, b) **marginalmente significativo (**)**, e c) **não estatisticamente significativo**, em níveis convencionais, com pontos de corte respectivamente, em a) p ≤0,01, b) p≤0,05 e c) p> 0,10 (FIGUEIREDO FILHO et al., 2013)[9].

Significância estatística[10]	p-valor
Alta	0,000 a 0,010
Marginal	0,011 a 0,050
Baixa	0,051 a 0,100
Ausente	0,100 a 1,100

Fonte: Elaboração dos autores com base em Figueiredo Filho et al. (2013).

Afirmar, portanto, que determinada variável incluída na amostra não é estatisticamente significante nos diz, na verdade, que o resultado da análise daquela variável, com base exclusivamente nas características da amostra e na distribuição dos dados, não é capaz de confirmar ou negar a hipótese de pesquisa em relação à totalidade dos casos que se traduz no universo da pesquisa. Em termos estatísticos, fala-se que a significância estatística seria a medida da capacidade daquela variável (parcela da amostra) de rejeitar, total ou parcialmente, a hipótese nula (H0).

---

9. A ausência de significância estatística (p-valor > 0,100) **não é indicador de baixa qualidade da sua pesquisa ou de seus dados**. Modelos com menor significância estatística podem eventualmente trazer relevantes explicações sobre a ocorrência dos eventos, ainda que as inferências deixem de explicar parcelas maiores da amostra colhida (perdendo em poder de generalização), mas apontando, p. ex., modas ou tendências comportamentais que já auxiliem no entendimento do fato investigado (GOMES et al., 2018; VIANNA, 2001; FIGUEIREDO FILHO et al., 2013).

10. Tais parâmetros, originalmente extraídos das Ciências da Saúde e das Ciências Exatas, foram pensados a partir da ideia de universos e amostras muito grandes. Em universos reduzidos (e respectivamente suas amostras), tais parâmetros perdem poder explicativo e precisam ser observados conforme as características específicas do objeto.

Por outro lado, nas pesquisas censitárias, em que se trabalha com dados extraídos da população (universo), o p-valor perde completamente sua importância para a análise quantitativa do objeto, vez que não se estaria realizando inferência estatística (juízos informados sobre o universo a partir dos dados da amostra), mas sim uma análise estatística direta sobre a totalidade dos casos que expressam o fenômeno concreto estudado.

Lima et al. (2016), por exemplo, utilizaram a análise estatística por regressão logística (logit) para testar se a natureza dos atores responsáveis por ajuizar as ações diretas de inconstitucionalidade (ADIns), conjunto de variáveis extraído do modelo estratégico de explicação do comportamento judicial, estaria associada à ocorrência do resultado "perda de objeto", quando, pela demora da Corte em julgar o conflito, verifica-se, em caráter superveniente, a revogação do ato impugnado, a reforma do texto constitucional ou a perda posterior de legitimidade do ator político. Nesse estudo, observou-se o seguinte resultado estatístico:

Modelo logit para o resultado "perda de objeto" nas ações diretas de inconstitucionalidade (ajustado pelo método *forward stepwise*)

	B	S.E.	Wald	Sig.	Exp (B)
Partidos políticos	,821	,204	16,252	,000	2,272

U = 5546 casos; Amostra aleatória sorteada pelo pacote SPSS = 681
Variável dependente: resultado (1 = perda de objeto, 0 = ausência de perda de objeto).
Nível de confiança da amostra em 95% e intervalo de confiança amostral em 3,52%
Fonte: Lima et al. (2016).

A variável "Partidos políticos" é estatisticamente significante para 100% (Sig./p-valor = 0,000) dos casos integrantes da amostra, o que permite dizer, com um grau de confiança muito alto, que, **presente tal variável**, seja na amostra, seja na totalidade da população estudada, seriam observadas as **mesmas chances (ou tendência)**, qual seja, o resultado prejudicado por perda superveniente do objeto do processo.

Outlier (evento extremo ou ponto fora da curva)

> *Às vezes, os valores discrepantes apontam para erros cometidos no registro dos dados. Em outros casos, a observação remota pode ser causada por falha do equipamento ou outras circunstâncias incomuns* (MOORE et al., 2014, p. 104).

Eventos raros que expressem valores destoantes dos demais casos analisados podem prejudicar sua pesquisa e induzir a respostas incorretas sobre seu problema. Um recurso que demorou demais a ser julgado ou foi julgado poucas horas após sua interposição. Um acordo celebrado num tema em que pouco (ou quase nunca) ocorre autocomposição. Uma decisão por maioria, dentro de um imenso mar de decisões unânimes na mesma Corte sobre um certo tipo de conflito. A metodologia quantitativa costuma categorizar situações assim com o termo **outlier**.

Outliers são valores extremos (mínimos ou máximos) que podem ser **erros de medição e registro** ou podem ser **relatórios precisos de eventos raros** (DOWNEY, 2014, p. 20). De um modo mais direto, um *outlier* é uma observação discrepante que fica **bem acima** ou **bem abaixo** do volume geral dos dados coletados na pesquisa quantitativa realizada, **exigindo uma investigação mais aprofundada** para ver, por exemplo, se eles resultaram de **um erro na entrada de dados ou de alguma ocorrência surpreendente ou incomum**, em virtude do seu potencial matemático de alterar os resultados das inferências, induzir a erros robustos e levar a falsas conclusões sobre o objeto pesquisado (AGRESTI et al., 2018, p. 78).

Ao verificar a respectiva matriz de dados, a pessoa responsável pela pesquisa poderia identificar, por exemplo, erros de digitação ocorridos na hora de preencher os valores referentes a determinada variável integrante de seu modelo explicativo. Noutra situação, poderia encontrar valores discrepantes em casos raros que aleatoriamente foram parar na amostra de sua pesquisa, também por exemplo, originados em condições específicas ou em fenômenos fora do controle humano.

Tempo de duração dos processos

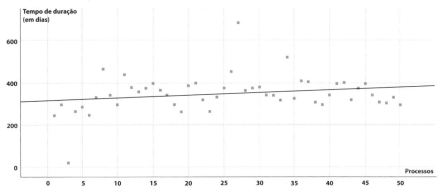

Fonte: Elaboração dos autores para efeitos didáticos.

A imagem acima mostra exemplificativamente a representação gráfica descritiva (*scatter plot*) de uma pesquisa jurídica quantitativa hipotética, na qual, numa amostra aleatória de 50 (cinquenta) processos, teriam sido coletados dados quantitativos descritivos relativos à respectiva duração, contada em dias. A linha preta mostra a tendência média de tempo de duração dos processos e a imensa maioria dos casos se encontra orbitando à margem de variação desta linha.

Todavia, podemos observar dois casos que se destacam dos demais justamente por estarem situados em regiões muito distantes da tendência média: esses são **outliers**! Um, no canto inferior esquerdo, representa um processo de duração extremamente curta (22 dias), sendo hipótese **outlier mínimo**; o outro, na região superior central da imagem, representa um processo de duração demasiada frente aos demais (688 dias), sendo hipótese de **outlier máximo**.

Tais casos, justamente por se encontrarem muito distantes da tendência expressa pela média na variação no tempo de duração dos processos, não apenas deixam de contribuir para o entendimento do fenômeno estudado, como também afetam matematicamente os resultados do modelo quantitativo como um todo, podendo induzir a falsas respostas ao problema de pesquisa e talvez mascarar resultados concretos do que efetivamente o fato investigado por sua pesquisa. O que fazer? Identificada uma situação de *outlier*, seja pela representação gráfica ou seja por testes estatísticos sobre a distribuição dos dados, qual o remédio a ser utilizado pelo(a) pesquisador(a)?

Em estatística, é possível utilizar um parâmetro chamado **contagem-z** (ou simplesmente "z") para a identificação de possíveis pontos fora da curva: esse parâmetro mede a distância entre os valores observados e o valor médio das observações. Ao interpretar os resultados da contagem-z, quaisquer valores inferiores a -3 ou superiores a +3 indicam indícios robustos da presença de um *outlier* na população ou amostra (ANDERSON et al., 2012, p. 88-91).

Tais casos precisam ser imediatamente excluídos da amostra a ser estudada e substituídos por igual número de casos aleatoriamente colhidos dentro da mesma população. No caso de pesquisas censitárias (que utilizam todos os casos componentes do universo ou população), bastará excluir justificadamente os casos que representam valores extremos em suas variáveis. Em ambos os casos, o pesquisador deverá justificar expressamente em seu trabalho que sua amostra (ou população) foi corrigida em função da presença de pontos fora da curva e como foi feita tal correção.

Por outro lado, *outliers* são fortes candidatos à uma futura pesquisa **qualitativa**, amparada nas ferramentas metodológicas naturalmente adequadas a compreender e a explicar suas especificidades e suas circunstâncias, em complemento ao estudo quantitativo generalizante, realizado em relação aos demais casos da amostra ou do universo. Ao tomar tais providências, a pessoa responsável pela pesquisa garante a solidez de suas inferências estatísticas, evitando os indesejáveis efeitos de eventos extremos sobre os demais casos componentes da amostra estudada.

3
Dados

As variáveis e suas inter-relações

> *"Dados"* são elementos de informação sobre o mundo sistematicamente coletados. Eles podem ser de natureza qualitativa ou quantitativa. Na maioria das vezes, dados são coletados para avaliar especificamente uma teoria, mas com alguma frequência pesquisadores coletam dados antes de saber precisamente o que estão interessados em encontrar (KING et al., 1994, p. 23).

Normalmente, quando se fala em **dados**, vem à mente algo misterioso e incompreensível: muitas vezes são associados a computadores e à tecnologia, em aparência distantes do Direito, das pesquisas que tratem de instituições e de outros temas juridicamente relevantes. Imagina-se uma realidade somente compreensível a privilegiados poucos indivíduos, cujas explicações demandam aprofundados estudos e a compreensão de imensas equações matemáticas.

Felizmente, não é bem assim. Quaisquer fatos sociais ou naturais emitem informações que podem ser captadas, de forma organizada e justificada, por meio dos mais diversos experimentos e instrumentos de pesquisa. Tais informações (dados) são posteriormente convertidas em números (codificação) e organizadas, caso a caso, em matrizes numéricas que representam a série de dados conforme variam entre os casos (variáveis).

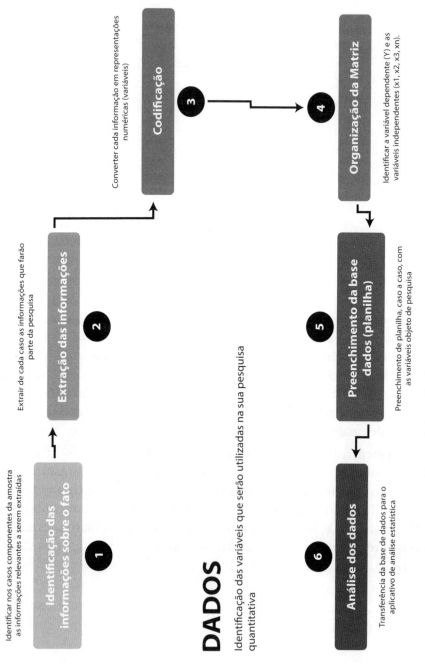

Fonte: Elaboração dos autores para efeitos didáticos.

A matéria-prima fundamental da pesquisa quantitativa são os dados em formato numérico. Ocorre, porém, que o conteúdo das decisões judiciais e estatutos se apresenta em formato textual. Portanto, parte essencial da pesquisa quanti é a transformação de informações não estruturadas em dados numéricos (CASTRO, 2017, p. 40).

A quantidade de processos julgados com resolução de mérito numa comarca, o tempo de tramitação de um recurso cível, os índices de produtividade dos magistrados, a distribuição das condenações criminais por raça: todos são exemplos concretos de informações passíveis de se transformarem em variáveis no ambiente de pesquisas jurídicas empíricas com abordagem quantitativa.

Em suma, todos os fenômenos (fatos relevantes) são capazes de fornecer **informações** de alguma forma. Após a coleta, tais informações devidamente organizadas se convertem em **dados**, por meio da **codificação**. A expressão de como esses dados se comportam e/ou diferem ao longo dos casos é o que se entende por **variável**. As variáveis traduzem informações extraídas do fato analisado, como determinadas características (AGRESTI et al., 2018; LEVIN et al., 2014). Elas estabelecem a interseção entre os eventos e os dados: uma variável é um levantamento estatístico sistemático sobre um fato que atribui um número a um certo resultado (WASSERMAN, 2004, p. 19).

> Uma variável é chamada de categórica se cada observação pertence a um conjunto de categorias. Uma variável é chamada de quantitativa [em sentido estrito] se as observações sobre ela assumirem valores numéricos que representam diferentes magnitudes da variável (AGRESTI et al., 2018, p. 53).

É importante saber a **natureza** (discreta, contínua, ordinal ou nominal) das variáveis integrantes de seu modelo de pesquisa quantitativa, pois essa definição é importante à identificação das ferramentas estatísticas adequadas (corretas) a lidar com elas, bem como à interpretação dos resultados e dos respectivos parâmetros estatísticos. Da mesma forma, nas pesquisas quantitativas que se utilizam de operações estatísticas automatizadas por aplicativos, a **natureza de cada variável deverá ser devidamente informada pelo usuário** para que o computador possa entender corretamente quais os dados informados e lidar com eles da forma efetivamente planejada no modelo empírico desenhado por você para a resolução do seu problema de pesquisa.

IMPORTANTE LEMBRAR! A identificação correta da **natureza das variáveis** trabalhadas na pesquisa é essencial para a identificação do instrumental estatístico adequado para lidar com essas variáveis. Portanto, muita atenção aos próximos itens deste capítulo.

Variáveis quantitativas discretas

Os números governam o universo (Pitágoras).

Os fatos juridicamente relevantes, bem como os conjuntos de casos, apresentam características que podem ser objeto de contagem. O percentual de sentenças numa determinada comarca que resolvem os méritos dos litígios, os quantitativos das liminares deferidas em certo grupo de processos, a razão entre o número de inquéritos concluídos e o montante de denúncias oferecidas pelo Ministério Público, a variação na taxa de homicídios ao longo de uma série temporal – **todos são exemplos de variáveis quantitativas discretas** passíveis de pesquisas jurídicas quantitativas.

Variáveis quantitativas discretas representam **números puros** que apenas são resultados da mera **contagem de determinadas informações** extraídas dos casos objeto de investigação pela pesquisa quantitativa (GOMES et al., 2018; LEVIN et al., 2014).

> Os dados discretos resultam quando os valores dos dados são quantitativos e o número de valores é finito ou "contável". (Se houver infinitos valores, a coleção de valores é contável se for possível contá-los individualmente, como o número de lances de uma moeda antes de obter coroa.) (TRIOLA, 2019, p. 15).

Imaginemos uma pesquisa empírica hipotética que busca testar se existe relação direta entre o número de execuções fiscais propostas mensalmente durante um período (variável independente, X) e os valores mensais totais de crédito tributário recuperado no mesmo período (variável dependente, Y). Ambas as variáveis são de natureza quantitativa discreta.

Período	Número de execuções fiscais (Y)	Crédito tributário recuperado (X) (R$)
Janeiro	3456	19567890,87
Fevereiro	2345	17745679,45
Março	3311	12233876,21
Abril	2877	14422311,56

Fonte: Elaboração dos autores para efeitos didáticos.

Variáveis quantitativas contínuas

> *Se você não pode medir, você não pode melhorar* (Lord Kelvin).

Outros fatos juridicamente relevantes apresentam informações que podem ser medidas por meio de escalas numéricas contínuas e convencionais. Celeridade, por exemplo, somente pode ser verificada concretamente por meio de medição de tempo (não importando as promessas de reforma vindas de renomados processualistas).

Variáveis explicativas quantitativas e contínuas são aquelas que são resultado de **medições a partir de escalas convencionais** – tempo, massa, altura, idade etc. – adquirindo relevância para os estudos jurídicos empíricos, por exemplo, quando tais medições implicarem consequências para as relações jurídicas e para o funcionamento das instituições (GOMES et al., 2018).

> As variáveis contínuas são representadas por valores numéricos, que não são restritos a valores particulares, a não ser aqueles determinados pela precisão do instrumental utilizado para medir (TIRYAKI, 2017, p. 6).

Algumas características dos fatos juridicamente relevantes somente podem ser obtidas mediante medição: se desejamos saber, por exemplo, se determinada reforma foi, ou não, capaz de trazer maior celeridade é inescapável a realização da aferição quantitativa do tempo de duração dos processos entre dois eventos processuais, como o protocolo da petição inicial e o trânsito em julgado da sentença de resolução de mérito.

Noutro exemplo, uma pesquisa poderia medir, por faixa etária, com que idade as crianças e os adolescentes estariam mais sujeitos a cometer atos infracionais numa determinada localidade.

> Os dados contínuos (numéricos) resultam de um número infinito de valores quantitativos possíveis, onde a coleção de valores não é contável (ou seja, é impossível contar os itens individuais porque pelo menos alguns deles estão em uma escala contínua, como os comprimentos de distâncias de 0cm a 12cm) (TRIOLA, 2019, p. 15).

Numa pesquisa empírica hipotética, seria possível indagar se a quantidade de entorpecente apreendida com o acusado seria diretamente proporcional ao tempo de condenação em regime fechado. Especificamente, nesta hipótese, observa-se a presença de duas variáveis quantitativas contínuas: tempo de condenação em regime fechado em dias (variável dependente, Y) e quantidade de entorpecente em gramas (variável independente, X).

Processos	Tempo de condenação em regime fechado (Y) (dias)	Quantidade de entorpecente em gramas (X) (g)
Caso 1	255	987
Caso 2	368	1989
Caso 3	128	745
Caso 4	499	2000

Fonte: Elaboração dos autores para efeitos didáticos.

Variáveis qualitativas ordinais

> Uma variável de nível ordinal comunica diferenças relativas entre unidades de análise (POLLOCK III, 2016, p. 69).

Alguns outros fatos juridicamente relevantes oferecem informações que permitem sua organização em categorias que expressam uma ordem, seja de grandeza ou de importância, em que cada número na variável corresponde a uma posição na respectiva ordem. A título de exemplos podemos apresentar os indicadores e os índices desenvolvidos pela *Freedom House*[11] e

---

11. Disponível em: https://freedomhouse.org/countries/freedom-world/scores

pelo projeto *V-Dem* (*Varieties of Democracy*)[12] para respectivamente medir comparativamente o nível de liberdades e a qualidade da democracia entre os países e através do tempo.

As variáveis **explicativas qualitativas ordinais** medem a variação quantitativa de informações sobre os casos, separando e ordenando segundo alguma ordem de grandeza (CERVI, 2014). São de natureza categórica e os respectivos números expressam **uma escala crescente ou decrescente** (v. g., 1, 2, 3, 4), na qual não se está lidando com números puros ou com uma medição, mas uma ordenação entre categorias artificialmente construídas (GOMES et al., 2018).

> Um terceiro tipo de variável é categórico ordinal, como pequeno, médio e grande, onde há uma ordenação entre os valores, mas nenhuma noção métrica é apropriada (a diferença entre médio e pequeno não precisa ser a mesma que entre grande e médio) (HASTIE et al., 2017, p. 10).

Tipo	Características	Exemplos	Funções formais
Ordinal	Respostas podem ser ordenadas em uma dimensão própria	Ordem de preferência, de chegada, *status* social, escala de Likert	Além de igualdade ou diferença, mostra superioridade ou inferioridade ">" "<"

Fonte: Cervi (2014), com base em Günther (2003).

Uma pesquisa empírica hipotética que estivesse realizando teste sobre uma possível influência entre a variação ao longo do tempo nos índices de corrupção (variável independente, X) e a variação nos índices de qualidade da democracia (variável dependente, Y), num determinado país, estaria lidando em seu desenho de pesquisa com duas variáveis qualitativas ordinais.

---

12. Disponível em: https://www.v-dem.net/en/

Período	Variação nos índices de qualidade da democracia (Y)	Índices de corrupção (X)
2010	5	2
2011	4	3
2012	3	3
2013	4	2,5

Fonte: Elaboração dos autores para efeitos didáticos.

Variáveis qualitativas categóricas (nominais)

> *Uma variável de nível nominal comunica diferenças entre unidades de análise na característica que está sendo medida* (POLLOCK III, 2016, p. 69).

As variáveis qualitativas nominais, de **natureza categórica estrita**, representam a espécie de variável explicativa mais comumente utilizada nos estudos quantitativos sobre questões juridicamente relevantes, nas quais não existe qualquer ordenação entre as categorias utilizadas (GOMES et al., 2018). Variável categórica (nominal) representa um tipo de variável que mede a distribuição quantitativa das qualidades (características estudadas), cujos valores previamente arbitrados pelo pesquisador lhe dão sentido, separando-as em grupos distintos (CERVI, 2014).

> Os valores dos dados da variável nominal não têm significado numérico, pois nenhuma operação matemática, exceto a contagem, pode ser feita nos dados. Eles são, de fato, usados para classificar se os itens individuais pertencem a algumas categorias distintamente diferentes (SINGH, 2007, p. 73).

Tipo	Características	Exemplos	Funções formais
Nominal	Apenas para identificar pessoas, objetos ou categorias	Cor de cabelo, estado civil, nome, marca de carro	Igualdade ou diferença "=" "≠"

Fonte: Cervi (2014), com base em Günther (2003).

Noutra pesquisa hipotética em que se testa se a natureza do requerente em ação civil pública (variável independente, X) estaria associada às chances de julgamento procedente (variável dependente, Y), estaríamos lidando com duas variáveis qualitativas nominais.

Processos	Julgamento (Y)	Natureza do requerente (X)
ACP1	Procedente	MP
ACP2	Não procedente	Associação
ACP3	Não procedente	Sindicato
ACP4	Procedente	MP

Fonte: Elaboração dos autores para efeitos didáticos.

Entretanto, para que as categorias possam ser objeto de análise quantitativa avançada (e não apenas descritiva) é preciso que sejam recodificadas em variáveis *dummies* (artificiais), em que a presença da categoria é representada pelo numeral 1 (um) e a ausência da categoria é representada pelo numeral 0 (zero), permitindo que as categorias que integram o modelo possam ser contadas e que estas contagens possam ser submetidas a operações matemáticas e/ou estatísticas. Cada categoria explicativa (variável independente) será transformada em uma nova coluna da planilha, registrando numericamente a presença, ou não, da categoria.

Processos	Julgamento (Y)	MP (x1)	Associação (x2)	Sindicato (x3)
ACP1	1	1	0	0
ACP2	0	0	1	0
ACP3	0	0	0	1
ACP4	1	1	0	0

Fonte: Elaboração dos autores para efeitos didáticos.

Variáveis precisam variar: eventos raros e constantes

Os pesquisadores examinam as características de fatos, de casos ou de comportamentos (variáveis): características que **diferem ou variam** de um indivíduo para outro ou de um ponto no tempo para outro (LEVIN et al., 2014, p. 2). Para que possam ser objeto de análise quantitativa, os dados sobre os casos investigados precisam **variar**, isto é, seja na amostra ou seja na população, não se espera uma homogeneidade (total ou aproximada) entre as informações extraídas das unidades observadas.

Seus valores devem variar entre os casos e/ou através do tempo. Em ambientes científicos quantitativos, a noção matemática de variável corresponde a quantidades (valores) que necessariamente variam entre os casos.

> **O termo variável destaca que os valores dos dados variam.** Por exemplo, para investigar se o aquecimento global ocorreu onde você mora, você pode coletar dados sobre a alta temperatura a cada dia durante o século passado na estação meteorológica mais próxima. A variável é a alta temperatura (AGRESTI et al., 2018, p. 53).

Entretanto, há situações em que, após a coleta e codificação dos dados, verifica-se que (em relação a uma ou mais variáveis) tais valores não variam, permanecendo total ou relativamente estáveis: ali está presente uma **constante**. Nem toda característica do objeto de estudo varia – para um estudo de biologia sobre roedores, **sempre** se verificará que as fêmeas destes mamíferos é que irão gestar suas crias – não contribuindo esta informação para análises quantitativas que, por exemplo, busquem identificar causalidades ou associações com um certo grau de generalização (LEVIN et al., 2014).

Isso ocorre nas variáveis quantitativas quando não existe variação nos valores (exemplo x1 abaixo) ou quando, existindo variação, esta é tão sutil que matematicamente é considerada como inexistente para aquele modelo de pesquisa quantitativa (exemplo x3 abaixo).

Casos	x1	x2	x3
Processo 1	20	0,834	1,30
Processo 2	20	0,456	1,32
Processo 3	20	0,677	1,33

Fonte: Elaboração dos autores para efeitos didáticos.

Isso também pode ser observado em relação a variáveis categóricas nominais ou categóricas ordinais. A mesma característica poderia estar presente em todos os casos componentes da amostra ou da população (exemplo abaixo x1) ou estar ausente em todos os casos (exemplo abaixo x2). O mesmo efeito quantitativo pode ser observado quando a variação (na presença ou na ausência da característica) ocorre somente numa relativamente pequena parcela da amostra ou da população (exemplo abaixo x3), caracterizando os chamados **eventos raros**, situações que acabam sendo matematicamente consideradas como inexistentes, interpretadas dentro da ideia de erro.

Casos	x1	x2	x3
Processo 1	1	0	0
Processo 2	1	0	0
Processo 3	1	0	0
Processo 4	1	0	0
Processo 5	1	0	0
Processo "n"	1	0	1

Fonte: Elaboração dos autores para efeitos didáticos.

Eventos raros, inclusive, podem ser identificados em relação à totalidade da matriz de dados (representativa da população ou da amostra) quando apontam características encontradas em fração não significativa dos casos trabalhados (exemplo abaixo x1), onde uma relativa predominância de dados constantes (presença ou ausência) tecnicamente oculta a existência dessa variação.

Casos	x1	x2	x3
Processo 1	1	0	0
Processo 2	0	0	0
Processo 3	0	0	0
Processo 4	0	0	0
Processo 5	0	0	0

Fonte: Elaboração dos autores para efeitos didáticos.

Constantes e eventos raros, na maioria das vezes, são fortes candidatos a interessantes abordagens que busquem responder **problemas de pesquisa qualitativos**[13], por meio das ferramentas metodológicas adequadas a esses ambientes de investigação, tais como estudos de caso, etnografias, avaliações participativas, dentre outras.

---

13. Recentemente, sofisticadas análises quantitativas desenvolvem modelos computacionais e inteligentes novas estratégias de coleta de amostras para a compreensão (como variáveis independentes e/ou explicativas) de eventos raros (que ocorrem poucas vezes dentro de uma grande população de casos, quase que absolutamente composta por "não eventos"), a exemplo de guerras, de pandemias e de processos de *impeachment* (KING; ZENG, 2001; TOMZ et al., 2003).

II
Parte especial (1) Instrumental estatístico básico e as suas aplicações potenciais às pesquisas jurídicas empíricas

4
A vida como ela é
Análise exploratório-descritiva

Análise exploratória

> *Audaciosamente indo onde ninguém jamais esteve* (Gene Roddenberry).

Quando se fala em exploradores possivelmente nos vêm à mente figuras como Cristóvão Colombo, Marco Polo, Vasco da Gama, Roald Amundsen, dentre outros, que viajaram o mundo em busca de conhecer novos lugares, novas civilizações, cidades perdidas, pirâmides ocultas ou tesouros enterrados. Os exploradores de nossos dias têm horizontes mais curtos, mas nem por isso deixam de produzir relevantes achados científicos: **trazem novas informações empíricas sobre os fatos**. A exploração ocorre na busca por construir bancos de dados originais sobre o mundo concreto, sobre as instituições e sobre os comportamentos, oferecendo interpretações sobre as variáveis descobertas.

> Era uma vez, um tempo em que os estatísticos apenas exploravam. Em seguida, aprenderam a confirmar exatamente – confirmar algumas coisas com exatidão, cada uma em circunstâncias muito específicas. À medida que enfatizavam a confirmação exata, suas técnicas inevitavelmente se tornavam menos flexíveis. [...] Tudo o que não foi explicitamente anexado a um procedimento de confirmação foi considerado "mera estatística descritiva", independentemente do quanto tenhamos aprendido com isso (TUKEY, 1977, p. ix).

IMPORTANTE LEMBRAR! Toda análise exploratória é também descritiva, mas nem toda análise descritiva é exploratória.

Após inovar nos dados coletados, na forma da coleta de dados, na maneira como seriam classificados ou simultaneamente em todas estas dimensões, o(a) pesquisador(a), ora explorador(a), fará uso de ferramentas estatísticas descritivas, por intermédio das quais buscará interpretações de natureza quantitativa sobre seu objeto, capazes de testar suas hipóteses (dentro dos limites da descrição) e de oferecer respostas ao problema.

> A análise exploratória de dados é um trabalho de detetive – trabalho de detetive numérico – ou trabalho de detetive de contagem – ou trabalho de detetive gráfico. [...] Um detetive investigando um crime precisa de ferramentas e compreensão. [...] Da mesma forma, o analista de dados precisa tanto de ferramentas quanto de compreensão. [...] A menos que a análise exploratória de dados revele indicações, geralmente quantitativas, é provável que não haja nada a ser considerado pela análise de dados confirmatórios (TUKEY, 1977, p. 2-3).

Nas análises exploratórias é necessário explicar com riqueza de detalhes:

• quais os procedimentos adotados na coleta de dados e na sua classificação;

• por que tais procedimentos seriam adequados àquela investigação;

• a relevância (justificar) de se colher informações sobre o fenômeno a ser explorado;

• como as informações novas contribuem para solucionar o problema de pesquisa e trazer novas perspectivas sobre o objeto de estudo.

> A análise exploratória de dados nunca pode ser a história toda, mas nada mais pode servir como a pedra fundamental – como o primeiro passo (TUKEY, 1977, p. 3).

A análise exploratória traz para a comunidade acadêmica informações inéditas sobre os fatos (objeto da pesquisa empírica) que servirão como base para outras futuras pesquisas, seja na formulação de hipóteses mais aprofundadas a serem testadas por ferramentas mais sofisticadas, seja fornecendo informações secundárias a serem desenvolvidas em outras pesquisas e na resolução de problemas de pesquisa diversos.

UM CUIDADO É IMPORTANTE! É muito comum ver estudos, principalmente em Direito, se autodeclararem exploratórios-descritivos sem, contudo, tratar desse tipo de abordagem em nenhuma parte de seu texto: **a dimensão empírica é inerente a todas as pesquisas exploratórias**! Se a pesquisa proposta não utiliza metodologia empírica (quantitativa, qualitativa ou mista), não pode ser considerada exploratória, tampouco descritiva.

Não basta fazer referências a trabalhos empíricos realizados por terceiros ou procurar e descrever textos de leis ou de documentos para que sua pesquisa seja exploratório-descritiva. A menção a dados alheios como reforço argumentativo é parte da própria revisão de literatura e não muda a natureza de trabalhos jurídicos meramente dogmáticos e/ou teóricos.

IMPORTANTE LEMBRAR! É preciso que haja efetivamente um problema de pesquisa empírico e a coleta pela pessoa responsável pela pesquisa de dados empíricos originais sobre o fenômeno estudado. Do contrário, não se trata de pesquisa exploratória.

Análise descritiva

> *A verdade está lá fora* (Fox Mulder. *X-Files*, 20th Century Fox).

Quais são os casos componentes da população ou da amostra? Quantos são? Como estão distribuídos ao longo da série temporal? Existe relação aparente entre eles? Todas essas perguntas representam relevantes atividades a serem desempenhadas numa **pesquisa quantitativa descritiva**. A partir de fontes primárias (exploratória) ou secundárias (coletadas por outras pesquisas) de dados se buscará identificar e/ou destacar elementos dos fenômenos estudados, mediante múltiplas possíveis operações de contagem das respectivas características.

> **As estatísticas descritivas** também são úteis quando os dados estão disponíveis para toda a população, como em um censo. Por outro lado, as **estatísticas inferenciais** são usadas quando os dados estão disponíveis apenas para uma amostra, mas queremos tomar uma decisão ou fazer uma previsão sobre toda a população (AGRESTI et al., 2018, p. 36).

Quais as questões que mais chegam para ser decididas pelo Supremo Tribunal Federal? Qual a proporção dos encarcerados em sistema prisional segundo o critério racial? Qual a razão existente entre os inquéritos concluídos e o efetivo oferecimento de denúncia? Esses exemplos, dentre muitos, ilustram o infinito potencial aplicativo das pesquisas quantitativas descritivas para a resolução dos problemas científicos concretos, relevantes para o Direito e para as instituições. As **estatísticas descritivas** oferecem métodos e ferramentas que resumem e/ou descrevem as características relevantes dos dados (TRIOLA, 2019, p. 81).

Por meio das ferramentas de estatística descritiva, pode-se inferir e descrever padrões e/ou tendências nas distribuições dos dados sobre o fenômeno investigado, que poderiam não ser percebidos normalmente, capazes de revelar comportamentos, fomentar hipóteses ou até já oferecer respostas (ainda que parciais) aos problemas de pesquisa (LEVIN et al., 2014).

> Ainda assim, vale dizer, as análises descritivas têm elevado valor intrínseco, especialmente no contexto brasileiro, para o qual análises quantitativas são relativamente escassas (CASTRO, 2017, p. 72).

Trata-se de métodos para **reduzir (apresentar de forma direta e resumida)** os dados coletados (a partir de uma amostra ou uma população) – utilizando-se de técnicas gráficas e parâmetros numéricos, como médias e porcentagens – a **resultados interpretáveis** pelos pesquisadores e pelos leitores dos achados da pesquisa (AGRESTI et al., 2018, p. 35). Matrizes contendo dados populacionais ou amostrais de difícil interpretação imediata podem rapidamente ter seu conteúdo reduzido a informações diretas e simples sobre a totalidade do conjunto estudado, que muitas vezes já são suficientes para responder (no todo ou em parte) a questão científica trabalhada.

> A boa notícia é que essas estatísticas descritivas nos fornecem um resumo gerenciável e significativo do fenômeno subjacente. [...] A má notícia é que qualquer simplificação convida ao abuso. Estatísticas descritivas podem ser como perfis de namoro online: tecnicamente precisas e ainda assim bastante enganosas (WHEELAN, 2013, p. 28).

Segundo Wheelan (2013, p. 16), as "estatísticas descritivas existem para simplificar [o entendimento sobre algo complexo], o que sempre implica alguma perda de nuança ou detalhe", advertindo que qualquer um que trabalhe com números dessa maneira precisa reconhecer e deixar claras essas limitações e tomar os cuidados devidos para não construir inferências falsas ou incompletas sobre o fato estudado.

Série temporal (sequência)

Tempo, tempo, mano velho
Falta um tanto ainda, eu sei
Pra você correr macio
(*Sobre o tempo*, Pato Fu).

O tempo é uma variável importante para a pesquisa. No contexto da pesquisa jurídica quantitativa, observamos comumente o tempo ser utilizado como variável para identificar e quantificar, por exemplo, o número de ações propostas em um determinado tribunal, por classe processual, ou mesmo o número de decisões emitidas pelos tribunais ao longo do recorte temporal definido na pesquisa.

Entretanto, as possibilidades de utilização do tempo como variável de pesquisa jurídica não se restringem apenas à quantificação de ações ou de decisões judiciais ao longo do tempo. Para além da simples quantificação, os dados podem apontar padrões de comportamento ou a sensibilidade a fatores endógenos ou exógenos, a exemplo das Metas Nacionais do CNJ ou uma maior atuação das instituições consideradas essenciais à justiça – Ministério Público, Advocacia Pública ou Defensoria Pública ou da sociedade civil.

Uma técnica que pode potencializar a pesquisa é a análise de séries temporais. Entende-se por série temporal o conjunto de observações ordenadas no tempo, cujo modelo pode ser utilizado para descrever de forma direta e compacta os dados ou mesmo para prever o comportamento futuro da série.

> Uma série temporal é um conjunto de observações Xt, cada uma registrada em um certo momento t. Série temporal discreta é o tipo de série em que o conjunto T dos tempos nos quais as observações foram registradas é discreto, como é o caso quando as observações são registradas em intervalos fixos de tempo (BROCKWELL, 2016).

Ao registrar ou predizer o comportamento de um fenômeno, a série temporal pode ter caráter evolutivo ou estacionário, a depender da mudança ou da estabilidade da média e da variância observadas ao longo do tempo. Portanto, na análise de séries temporais, enquanto a série é a variável dependente, o tempo corresponde à variável explicativa, sendo peça--chave para a explicação do comportamento (CERVI, 2017, p. 253).

> Para algumas variáveis, as observações ocorrem ao longo do tempo. Os exemplos incluem o preço de fechamento diário de

uma ação e a população de um país medida a cada década em um censo. Um conjunto de dados coletados ao longo do tempo é denominado série temporal (AGRESTI et al., 2018, p. 70).

Ao refletir sobre a importância da série temporal para a pesquisa, invariavelmente identificamos um intervalo de tempo que consideramos importante para a análise. Dessa forma, uma das preocupações centrais do pesquisador para a construção da série temporal consiste em definir o período de tempo que será analisado (recorte temporal), justificando no desenho de pesquisa o porquê da relevância desse intervalo.

A partir dessa definição, segue-se para o levantamento da quantidade de casos observados no tempo, os quais deverão ser expressos de forma padronizada na série. É comum observar séries temporais em que os dados são expressos em percentuais, mas entendemos como fundamental a apresentação em números absolutos, acompanhados dos seus percentuais, permitindo-se que o leitor possa identificar com exatidão a dimensão dos dados levantados.

> Uma série temporal é uma sequência de medições de um sistema que varia no tempo. [...] Um conjunto de dados onde cada valor está associado a um carimbo de data/hora, muitas vezes uma série de medições e os horários em que foram coletados (DOWNEY, 2014, p. 145; 162).

Mas qual a importância da série temporal para a pesquisa jurídica? Como sinalizado, o mecanismo permite ao pesquisador a observação e a interpretação dos dados, de forma a potencializar as informações quantificadas.

> Podemos exibir dados de série temporal graficamente usando um gráfico de tempo. Isso mapeia cada observação, na escala vertical, em relação ao tempo em que foi medida, na escala horizontal. Um padrão comum a ser observado é uma tendência ao longo do tempo, indicando uma tendência dos dados de aumentar ou diminuir. Para ver uma tendência mais claramente, é benéfico conectar os pontos de dados em sua sequência de tempo (AGRESTI et al., 2018, p. 70).

A série temporal permite que se compreenda, por exemplo, o mecanismo gerador da série, a partir da descrição do comportamento da série, da identificação de periodicidades na série ou por meio da interpretação das razões para o comportamento da série.

A série temporal é definida como uma sequência de dados coletados ao longo de um período de tempo que tenta analisar o padrão nos dados ordenados para interpretação e projeção. Tenta identificar a natureza do fenômeno representado pelas observações e após identificar o padrão tenta prever os valores futuros da variável da série temporal. Portanto, é preventivo no primeiro estágio para garantir que o padrão de dados de série temporal observados seja identificado e descrito. Após identificar o padrão dos dados, os pesquisadores podem interpretá-lo e integrá-lo a outros dados (SINGH, 2007, p. 224).

Ao analisar o tempo até o trânsito em julgado, a partir do levantamento da quantidade de novos inquéritos e ações penais no Supremo Tribunal Federal, bem como do total de processos com trânsito em julgado nessas classes processuais, considerando a série temporal de 2002 a 2016, Joaquim Falcão et al. (2017, p. 19-20) identificaram picos de ações em anos pós-eleitorais (2003, 2007, 2011, 2013 e 2015), o que levou à inferência de que "uma quantidade significativa dos processos começou em outra instância e foi levada ao Supremo após o início de um mandato com prerrogativa de foro".

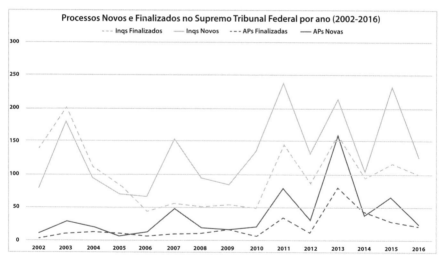

Fonte: V Relatório Supremo em Números: o Foro Privilegiado e o Supremo (FALCÃO et al., 2017).

Além desse aspecto, os autores consideraram na análise a dificuldade em se afirmar a existência de tendências lineares de crescimento ou diminuição do número de processos dessas classes processuais, diante da alta variação do número de processos por ano (FALCÃO et al., 2017, p. 20).

Portanto, agregando à quantificação do número de novos inquéritos e ações penais no STF e do respectivo número de processos finalizados, percebemos nesse tipo de análise a preocupação com a descrição do comportamento ao longo da série temporal, bem assim, da interpretação do que motiva tal comportamento, por meio da contextualização específica dos anos pós-eleitorais como possível argumento causal para o aumento do número de casos no período analisado.

Média, mediana e moda

Uma simples e eficiente maneira de resumir os dados – isto é, permitir uma visão geral e direta sobre os casos componentes da amostra ou da população – é por meio das chamadas medidas de tendência central.

> Uma maneira útil de descrever um grupo como um todo é encontrar um único número que represente o que é médio ou típico desse conjunto de dados. Na pesquisa social, esse valor é conhecido como uma medida de tendência central, porque geralmente está localizado no meio ou no centro de uma distribuição onde a maioria dos dados tende a se concentrar (LEVIN et al., 2014, p. 81).

As medidas de tendência central permitem a verificação de um valor presente no meio ou no ponto central de um conjunto de dados. A principal preocupação para a utilização desse tipo de medida estatística é a identificação do que é mais comum ou o que mais se repete nos dados levantados. Comumente, podemos identificar esses valores por meio da utilização da média, da mediana ou da moda.

> Uma das principais medidas para resumir dados univariados é verificar a localização dos dados caracterizados por seu centro. As medidas estatísticas mais comuns da localização do centro dos dados são a média, a mediana e a moda. Após verificar a localização dos dados, é imprescindível avaliar a disseminação dos dados em seu centro (SINGH, 2007, p. 135).

A média aritmética é a medida mais comum para identificar o ponto central de um conjunto de dados, consistindo na soma dos resultados levantados dividido pelo número total de casos ou ocorrências observadas. Dessa forma, a média é o valor representativo do ponto médio da distribuição.

A **média aritmética** é a medida de tendência central mais comumente usada e aceita. É obtida somando todas as observações e dividindo a soma pelo número de observações. Deve ser usada no caso de dados intervalares ou razão (SINGH, 2007, p. 138).

A partir desse conceito básico, verificamos que, para o cálculo da média, são utilizados todos os valores dos dados. Entretanto, deve-se atentar para o fato de que qualquer valor extremo pode alterar significativamente o valor da média, o que precisa ser considerado na pesquisa (TRIOLA, 2019, p. 83).

Com o propósito de analisar o tempo necessário entre o início do processo e a decisão liminar no âmbito das ações propostas no Supremo Tribunal Federal (STF), Joaquim Falcão et al. (2014, p. 33) identificaram uma média geral de 44 dias, ao levar em consideração a variável classe processual. Para este resultado, houve o levantamento das médias prévias para cada classe processual, dispostas no gráfico abaixo:

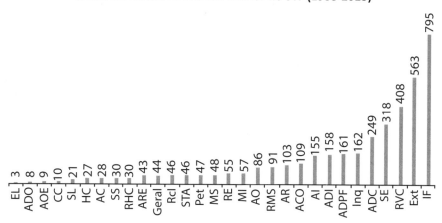

Média de dias até a decisão liminar no STF (1988-2013)

Em ADI e ADPF a espera pela limiar ficou muito acima da média

Fonte: III Relatório Supremo em Números: o Supremo e o Tempo (FALCÃO et al., 2014).

A identificação dos dados a partir das médias de dias até a decisão liminar, por classe processual, proporcionou aos autores considerações sobre as médias observadas para cada grupo de ações, com destaque para as médias mais altas para decisões liminares nas ações do controle concentrado de constitucionalidade (FALCÃO et al., 2014, p. 33).

83

Por outro lado, a média ponderada pode ser utilizada na identificação de tamanhos distintos dos subgrupos do universo pesquisado ou quando se atribuem pesos distintos para cada valor do conjunto de dados. Como resultados possíveis, temos (a) multiplicação da média aritmética de cada grupo identificado pelo número de indivíduos do grupo, dividido pelo resultado da somatória dos indivíduos ou (b) multiplicação entre os valores e os pesos, divididos pelo somatório dos pesos (CERVI, 2017, p. 103).

Uma aplicação prática interessante da média ponderada, considerando-se os tamanhos distintos dos subgrupos do universo pesquisado, pode ser obtida por meio da análise do gráfico apresentado acima. Imagine que, diante do universo de classes processuais identificadas, haja o recorte apenas com as ações do controle concentrado de constitucionalidade, com a identificação do seguinte número para cada classe processual (ADI = 5.000; ADO = 50; ADC = 1.000 e ADPF = 500).

Inicialmente, considerando apenas as classes processuais indicadas para a obtenção da média aritmética simples, os números apresentados fornecem como resultado a média de 144 dias. Para obtenção da média ponderada, de forma simulada, valendo-se das médias aritméticas apresentadas no gráfico para cada classe processual, devemos realizar a multiplicação das médias pelo número observado para cada ação e sua divisão pelo resultado da soma do número de ações de cada classe processual.

Dessa forma, a média ponderada para as ações do controle concentrado de constitucionalidade, no caso simulado, corresponderia à média aproximada de 171 dias, número significativamente superior à média aritmética obtida para essas classes processuais.

Além da média aritmética simples ou ponderada, outra medida de tendência central importante para os estudos jurídicos é a mediana. A mediana corresponde à identificação do valor central de distribuição dos casos apresentados, sendo relevante quando identificamos dados com valores extremos.

> A **mediana** é definida como o valor médio em um arranjo ordenado de observações. É uma medida de tendência central se todos os itens são organizados em ordem crescente ou decrescente de magnitude (SINGH, 2007, p. 138).

A utilização da mediana é relevante quando o pesquisador pretende identificar o valor exato que divide a distribuição dos casos em duas metades iguais, permitindo a identificação se a distribuição é simétrica ou assimétrica.

Para calcular a mediana, é preciso organizar os dados em ordem crescente de valores. Apesar de menos conhecida, em muitas pesquisas, a mediana fornece informações mais ricas do que a média sobre a respeito da tendência central (CERVI, 2017, p. 110).

Por sua vez, a moda é utilizada quando se pretende identificar o valor de tendência central, ou seja, aquele que se apresenta com mais frequência nos casos apresentados na distribuição.

A **moda** pode ser definida como o valor que ocorre com mais frequência em um grupo de observações. É esse valor em uma distribuição que ocorre com maior frequência e, portanto, não necessariamente único (SINGH, 2007, p. 137).

Além de ser uma ferramenta importante para a análise de uma distribuição de frequências cujas classes não apresentam limites objetivos, a moda pode ser aplicada para todos os níveis de medida (CERVI, 2017, p. 112), seja na utilização de variáveis categóricas nominais, ordinais ou mesmo de variáveis quantitativas discretas e contínuas.

Variáveis categóricas nominais	Variáveis categóricas ordinais	Variáveis quantitativas discretas e contínuas
Moda	Moda, mediana	Moda, mediana, média

Fonte: Elaboração dos autores para efeitos didáticos.

Frequências e distribuições

Uma técnica simples, mas eficiente, na descrição dos dados pesquisados (principalmente quando se trata de variáveis tipicamente quantitativas) é a identificação da contagem dos valores de cada variável, por meio do uso das **frequências,** dando um panorama geral dos valores dos dados encontrados na amostra ou na população (LEVIN et al., 2014; DOWNEY, 2014).

Adicionalmente, uma "[…] das melhores maneiras de descrever uma variável é relatar os valores que aparecem no conjunto de dados e quantas vezes cada valor aparece. Essa descrição é chamada de **distribuição** da variável" (DOWNEY, 2014, p. 33).

Vejamos a seguinte matriz exemplificativa, a representar uma pesquisa hipotética sobre a relação entre a quantidade de receita tributária obtida e o número de execuções fiscais propostas por um município ao longo de uma série temporal anual.

Ano	Execuções fiscais	Quantidade de receita tributária (em R$ 1.000,00)
2010	577	1.677,56
2011	599	2.334,99
2012	899	2.321,33
2013	643	1.989,00
2014	598	2.668,54
2015	603	2.232,09
2016	722	2.866,63
2017	744	2.937,76
2018	609	2.245,07
2019	820	3.124,51

Fonte: Elaboração dos autores para efeitos didáticos.

A partir dela, podemos obter uma série de informações descritivas (frequências e distribuições) que poderiam nos ajudar a entender como, naquele município, a variação no número de execuções fiscais acompanhou a variação no quantitativo de receita tributária recuperada.

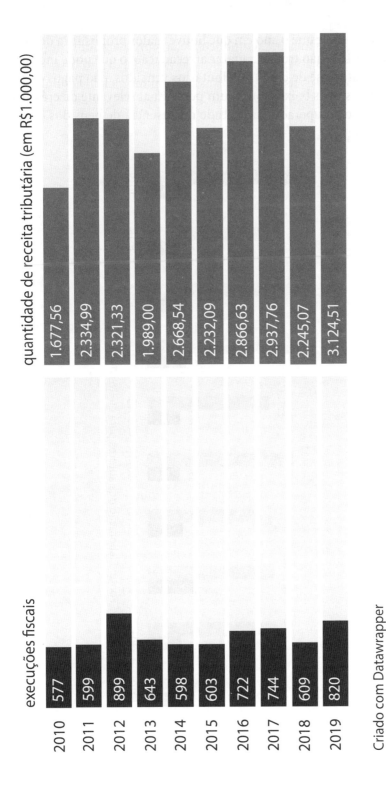

Fonte: Elaboração dos autores para efeitos didáticos.

Podemos observar que o ano em que houve maior propositura de execuções fiscais (2012) não trouxe a maior arrecadação, o que pode indicar: 1) em média, tratava-se de créditos tributários vencidos, não pagos e exigíveis, em valores mais baixos; ou 2) um percentual relevante de créditos pode não ter sido recuperado em virtude da ausência de bens dos devedores a penhorar.

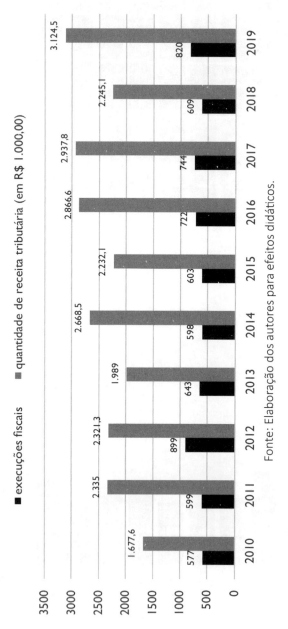

Fonte: Elaboração dos autores para efeitos didáticos.

Em geral, como se pode ver na distribuição dos dados ao longo da série temporal (aqui representada graficamente por histograma em barras), houve uma tendência ao aumento da arrecadação, enquanto o número de execuções fiscais propostas manteve-se relativamente estável, o que pode sugerir a hipótese de ausência de associação entre as variáveis, a ser testada por outras ferramentas adequadas (que ainda serão vistas aqui).

Proporções, percentuais e razões (frequências relativas)

> *Todos os dias, na mídia, vemos e ouvimos porcentagens e taxas usadas para resumir resultados de pesquisas de opinião, resultados de estudos médicos e relatórios econômicos. Como resultado, aumentamos a atenção dada à análise de proporções* (AGRESTI et al., 2018, p. 11).

Em uma notícia hipotética de jornal televisivo, tomamos conhecimento de que a Procuradoria Geral da República (PGR) teria determinado a abertura de 46 inquéritos para investigar autoridades públicas com foro de prerrogativa de função perante o Supremo Tribunal Federal (STF). Isso é muito? É pouco? Representa um avanço ou um retrocesso nas investigações? Tais perguntas somente são respondidas mediante o uso das **frequências relativas** em pesquisa quantitativa descritiva.

As referidas ferramentas padronizam por tamanho as frequências acerca de determinada informação sobre o fato objeto de pesquisa, permitindo que possa haver comparações entre grupos ou entre um grupo e a totalidade de casos, por meio de uma visualização relativa dos dados estudados. O quanto o valor absoluto (dado) representa em relação ao todo?

> Para um uso mais geral, precisamos de um método de padronização das distribuições de frequência por tamanho – uma maneira de comparar grupos, apesar das diferenças nas frequências totais. Dois dos métodos mais populares e úteis de padronização de tamanho e comparação de distribuições são a **proporção e a porcentagem**. A proporção compara o número de casos em uma determinada categoria com o tamanho total da distribuição. [...] Apesar da utilidade da proporção, muitas pessoas preferem indicar o tamanho relativo de uma série de números em termos de porcentagem, a frequência de ocorrência de uma categoria por 100 casos (LEVIN et al., 2014, p. 37).

Muitas vezes, a contagem de casos de uma variável (principalmente categórica) somente tem relevância para a pesquisa quantitativa quando apreciada a partir de sua participação no todo e em comparação com as demais variáveis mensuradas.

> A **proporção** de observações que caem em uma determinada categoria é o número de observações nessa categoria dividido pelo número total de observações [...]. A **porcentagem** é a proporção multiplicada por 100. Proporções e porcentagens também são chamadas de **frequências relativas** e servem como uma forma de resumir numericamente a distribuição de uma variável categórica (AGRESTI et al., 2018, p. 55).

Vejamos o seguinte exemplo hipotético sobre a distribuição das frequências de liminares deferidas numa comarca fictícia ao longo de uma série temporal anual.

Distribuição das frequências de liminares deferidas por ano numa comarca fictícia

Vara	Frequência	Proporção	Percentual (%)
1ª	445	0,134	13,4%
2ª	368	0,110	11%
3ª	222	0,067	6,7%
4ª	379	0,114	11,4%
5ª	412	0,124	12,4%
6ª	333	0,100	10%
7ª	402	0,121	12,1%
8ª	394	0,118	11,8%
9ª	367	0,110	11%
TOTAL	3,322	1,000	99,8%

Fonte: Elaboração dos autores para efeitos didáticos.

É possível compreender mais profundamente os dados desta pesquisa hipotética, apresentados a partir de sua descrição gráfica (*pie chart* ou gráfico de pizza) em que os quantitativos são organizados conforme as respectivas categorias em frações do todo, conforme proporções e percentuais.

Distribuição das frequências de liminares deferidas por ano numa comarca fictícia

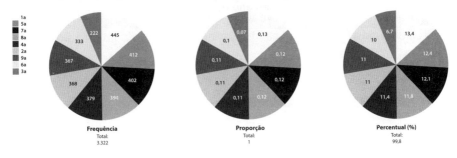

Fonte: Elaboração dos autores para efeitos didáticos.

Em todas as formas de descrição utilizadas acima (frequência, proporção e percentual), observa-se, sobre o exemplo hipotético apresentado, que a maioria das varas deferiu liminares em quantitativos muito próximos entre si e próximos da média, havendo dois *outliers* extremos, na 1ª e na 3ª varas, respectivamente, em que se observa maior e menor deferimento das medidas de tutela de urgência em relação ao todo e no decorrer da série temporal estudada.

Outra maneira de apresentar frequências relativas, comparando casos e/ou grupo de casos é por meio das **razões**: simplesmente o quociente entre dois números, no caso, entre duas variáveis (por exemplo, X/Y ou X1/X2) ou duas proporções (por exemplo, 0,455/0,233), capaz de resumir e demonstrar (ou não) eventuais relações entre os casos analisados (relação existente entre dois valores de uma mesma grandeza), conforme expectativas teóricas e/ou institucionais. Razões, noutro exemplo, são úteis para verificar como se comporta a relação entre duas medidas relativas (frequência, proporção ou percentual) ao longo de uma série temporal, comparando diretamente os números de casos entre duas categorias (LEVIN et al., 2014, p. 38).

Ilustrativamente, temos que o Conselho Nacional de Justiça (CNJ) calcula o IPM – índice de produtividade dos magistrados como sendo a razão entre o volume de casos baixados e o número de magistrados que atuaram durante o ano na jurisdição (volume total de processos/volume total de magistrados), conforme Resolução CNJ n. 70.

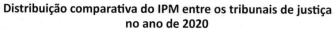

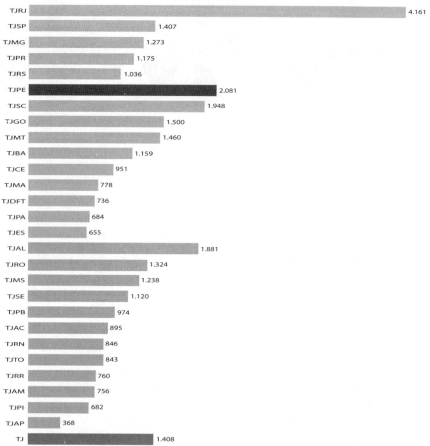

Fonte: Conselho Nacional de Justiça (CNJ). Disponível em: https://paineis.cnj.jus.br/

Para o critério escolhido institucionalmente pelo CNJ, seria considerado mais produtivo aquele órgão judicial que entregasse o maior número de processos encerrados (baixados), utilizando-se do trabalho de um menor número de magistrados, obtendo-se esta leitura comparada (entre tribunais e através do tempo) a partir do resultado fornecido pela razão adotada.

Tabelas cruzadas (tabela de contingência, tabulação cruzada, *cross tabulation* ou *cross-tabs*)

Em muitas situações, a descrição dos dados sobre o fenômeno estudado e a natureza do respectivo problema de pesquisa exigem uma análise relacional (entre as variáveis) mais aprofundada, por meio da qual são construídos juízos de valor a partir das percepções de uma distribuição de frequência de duas variáveis, tomadas simultaneamente, permitindo que se descreva a existência (ou não) de uma suposta relação entre estas variáveis, bem como a relação em si.

> Em particular, uma tabulação cruzada (ou *cross-tabs*, para abreviar) é uma tabela que apresenta a distribuição – frequências e porcentagens – de uma variável (geralmente a variável dependente) entre as categorias de uma ou mais variáveis adicionais (geralmente a variável independente ou variáveis independentes). [...] Podemos empregar uma tabulação cruzada para examinar as diferenças entre vítimas masculinas e femininas em termos de relacionamento com seus assassinos. Ou seja, podemos construir uma **distribuição de frequência de duas variáveis tomadas simultaneamente** (LEVIN et al., 2014, p. 55).

Tomemos como exemplo a seguinte situação hipotética: uma pesquisa quantitativa exploratório-descritiva realizada por estudante do curso de mestrado em Direito levantou dados amostrais (558 casos) sobre o deferimento de liminares em mandados de segurança numa determinada comarca fictícia, de modo a testar (nos limites da descrição) se a natureza do processo (individual ou coletivo) estava associada a maiores taxas de deferimento dos pedidos de tutela de urgência liminar.

> Distribuições de frequência simples exibem as frequências das categorias de uma única variável. Essa ideia pode ser estendida a uma tabela bidirecional, também chamada de tabela de tabulação cruzada, tabela de contingência ou tabela bivariada, com **as categorias de uma variável mostradas como linhas e as categorias de uma segunda variável mostradas como colunas. Desta forma, a relação entre as duas variáveis pode ser descrita.** Em cada célula da tabela, você relataria o número de casos que pertencem àquela célula, que é o número de casos que se encaixam naquela categoria particular de cada uma das duas variáveis. Você também pode querer relatar a frequência relativa ou porcentagem em cada célula (WILDEMUTH, 2017, p. 362).

Em nosso exemplo hipotético, a tabela de contingência ajuda a identificar e descrever com precisão 4 (quatro) situações possíveis, envolvendo a relação entre as duas variáveis (X, linhas, e Y, colunas) que se pretende descrever na pesquisa: a) casos em que as duas variáveis estão ausentes (0/0); b) casos em que se verifica o resultado (Y), mas não a característica (X), correspondente a (1/0); c) casos em que não se verifica o resultado (Y), mas está presente a característica (X), correspondente a (0/1); casos em que o resultado (Y) e a característica (X) estão simultaneamente presentes (1/1).

Ausentes ambas as variáveis (X, Y) (0/0)	Presente apenas o resultado Y (0/1)
Presente apenas a característica X (1/0)	Presentes ambas as variáveis (X, Y) (1/1)

Fonte: Elaboração dos autores para efeitos didáticos.

Aplicando-se esta lógica aos dados componentes da amostra estudada, por meio do aplicativo de análise estatística, será obtida uma tabela cruzada, com conteúdo organizado da seguinte forma:

Tabela de contingência: relação entre a natureza dos mandados de segurança e o deferimento de liminar

MS individual		Deferimento da liminar (MS)		
		0	1	Total
0	Count	164,000	146,000	310,000
	% of total	29,391%	26,165%	55,556%
1	Count	133,000	115,000	248,000
	% of total	23,835%	20,609%	44,444%
Total	Count	297,000	261,000	558,000
	% of total	53,226%	46,774%	100,000%

Fonte: Elaboração dos autores para efeitos didáticos.

A leitura da tabela de contingência acima, sobre os casos envolvendo os mandados de segurança individuais, permite-nos observar que os mandados de segurança coletivos (0/1) tiveram maior percentual de deferimento

(26,17%), enquanto os individuais (1/1) tiveram um percentual inferior (20,61%), o que mostra, nos limites da inferência descritiva, um indício de que, naquela comarca, existiria uma leve tendência a deferir mais liminares em sede de processos coletivos.

Indicadores e índices

Como comparar quantitativamente as qualidades ordinais e/ou categóricas entre casos ou entre conjunto de casos? Pesquisadores conseguem apontar com precisão a distribuição comparativa da qualidade da democracia entre vários países, os níveis de liberdade numa região, as capacidades de municípios de resiliência a desastres naturais, dentre outras situações. Tudo por meio de **indicadores e índices**.

O **indicador** é uma ferramenta metodológica da qual a pesquisa se utiliza para obter informações sobre determinada realidade ou fato, tanto a partir de um dado individual como também mediante um agrupamento de informações, resumindo características sobre o fenômeno pesquisado com simplicidade de entendimento, quantificação estatística e lógica, transformando-as em variáveis categóricas quantificáveis (**ordinais**). É um importante instrumento de diagnóstico da realidade e relevante ponto de interseção entre a pesquisa quantitativa e a pesquisa qualitativa.

Se for o caso de se apresentar um diagnóstico mais geral, deve-se construir um **índice**, a partir do valor agregado de duas ou mais variáveis, podendo estas serem, ou não, produtos da aplicação prévia de indicadores.

Do ponto de vista científico, indicadores são construídos para revelar aspectos relacionados a determinado objeto: são instrumentos de medida que concebem parâmetros de acesso aos fatos e aos comportamentos e, consequentemente, parâmetros avaliativos quanto à relevância e intensidade dos índices apontados.

> [...] o **índice** é o valor agregado final de todo um procedimento de cálculo onde se utilizam, inclusive, indicadores como variáveis que o compõem [...] é simplesmente um indicador de alta categoria [...] índice é como um valor numérico que representa a correta interpretação da realidade de um sistema simples ou complexo (natural, econômico ou social), utilizando, em seu cálculo, bases científicas e métodos adequados [...] **indicador** é um parâmetro selecionado e considerado isoladamente ou em combinação com outros para refletir sobre as condições do sistema em análise. Normalmente um indicador é utilizado como um pré-tratamento aos dados originais [...]. **Índice ou indicadores**

funcionam como um sinal de alarme para manifestar a situação do sistema avaliado, pois são valores estáticos [...] dão uma fotografia do momento atual (SICHE et al., 2007, p. 139, 143).

E como utilizar **indicadores?** Quais características a literatura espera que sejam encontradas no objeto pesquisado? Quantas delas foram encontradas nos casos componentes da amostra? Importantes informações sobre o objeto de estudo (categorias) são artificialmente convertidas em **variáveis qualitativas ordinais**, que passam a descrever diferenças entre os casos ou conjuntos de casos, conforme uma ordem preestabelecida na pesquisa a partir de elementos extraídos da literatura sobre o tema.

Tomemos como exemplo a seguinte situação hipotética: imaginemos que a literatura sobre Direito Ambiental estabelecesse ser necessário o cumprimento de 6 (seis) dimensões para que os municípios fossem considerados plenamente cumpridores das metas de Governança Ambiental, Social e Corporativa (*ESG – Environmental, Social and Corporate Governance*) e que se deseje fazer uma pesquisa para diagnóstico comparativo entre municípios da região metropolitana do Recife.

Após a coleta de dados, teríamos a construção de uma planilha de indicadores, conforme se apresenta abaixo:

Município	Dimensão 1	Dimensão 2	Dimensão 3	Dimensão 4	Dimensão 5	Dimensão 6	Escores (indicadores)
Recife	1	1	1	1	1	1	6
Jaboatão dos Guararapes	0	1	1	1	1	0	4
Olinda	0	0	1	1	1	0	3
Paulista	0	0	0	1	1	0	2
Cabo de Santo Agostinho	1	1	1	0	1	0	5
Ipojuca	0	0	1	1	1	1	4

Fonte: Elaboração dos autores para efeitos didáticos.

Tal procedimento permitiria um diagnóstico comparativo dos casos quanto ao atendimento aos indicadores utilizados, extraídos da literatura sobre o tema estudado. Em nosso exemplo hipotético, seria possível comparar as *performances* ESG dos municípios pernambucanos, organizados conforme a intensidade dos escores do indicador, que tem origem na checagem concreta de cada dimensão.

Na construção do indicador específico de cada município, na nossa pesquisa hipotética, são contadas as dimensões presentes e ausentes, de modo a formar um escore final, composto pela soma dos valores (positivos ou negativos) de cada dimensão presente, cujo resultado será uma **variável qualitativa ordinal**. Tais escores é que permitem a apreciação descritiva e comparativa entre os casos.

Desse modo, os indicadores hipotéticos ora trabalhados mostrariam que, na região pesquisada, o município do Recife teria o maior escore quanto ao cumprimento das metas ESG e respectivamente o município de Paulista teria o menor escore.

A distribuição espacial destes indicadores poderia ser representada graficamente da seguinte maneira:

Fonte: Elaboração dos autores para efeitos didáticos.

A título exemplificativo, Cynthia Suassuna (2014), num tema que trabalhava a interseção entre o desenvolvimento urbano e o Direito Ambiental, utilizou a técnica mencionada para construir um sofisticado sistema de **52 (cinquenta e dois) indicadores**, que permitem avaliar os aspectos institucionais dos municípios, frente a desastres decorrentes de eventos hidrológicos extremos, em particular as enchentes e as inundações (enxurradas) e seus consequentes deslizamentos, buscando fornecer elementos para gestores públicos poderem avaliar situações, planejar intervenções e apoiar a tomada de decisões em políticas públicas relacionadas aos desastres naturais.

Por sua vez, Lucyana Matos (2021) utilizou a técnica de indicadores para realizar um diagnóstico estrutural, **em 10 (dez) dimensões**, das comarcas da região geográfica do Agreste meridional pernambucano, quanto às condições para o cumprimento do artigo 334 do Código de Processo Civil, no que diz respeito à realização da audiência preliminar obrigatória, prevista no procedimento comum do processo de conhecimento. Em sua pesquisa, encontrou elementos que poderão auxiliar os Centros Judiciários de Solução de Conflitos e Cidadania – Cejuscs pernambucanos e o respectivo Tribunal de Justiça a desenvolver políticas públicas que contribuam para a correção de disparidades identificadas na pesquisa.

Análise de aglomerados (conglomerados, agrupamentos ou clusters)

> *A análise de cluster é a arte de encontrar grupos em dados* (KAUFMAN; ROUSSEEUW, 2005, p. 1).

Clustering ou **análise de aglomerados (agrupamentos)** representa o uso em pesquisa exploratória e/ou descritiva do conjunto de técnicas de organização de dados (convertidos em variáveis) que visa à construção de agrupamentos automáticos (conjuntos) destes dados segundo o grau de semelhança (ou não) entre os elementos componentes de cada grupo. Verifica-se que os elementos comuns aos casos estudados, após utilização da ferramenta, espontaneamente organizam-se em grupos, caso haja elementos de semelhança, permitindo uma visualização em plano maximizado, que pode auxiliar na compreensão ou dar *insights* interpretativos para a resolução de problemas.

> A análise de agrupamento é um assunto muito prático. Há cerca de 30 anos, biólogos e cientistas sociais começaram a procurar maneiras sistemáticas de encontrar grupos em seus dados.

> Como os computadores estavam se tornando disponíveis, os algoritmos resultantes puderam realmente ser implementados. Hoje em dia, os métodos de agrupamento são aplicados em muitos domínios, incluindo inteligência artificial e reconhecimento de padrões, quimiometria, ecologia, economia, geociências, marketing, pesquisa médica, ciência política, psicometria e muito mais (KAUFMAN; ROUSSEEUW, 2005, p. vii).

Trata-se da identificação da formação de grupos relativamente homogêneos em populações ou em amostras, a partir da distribuição espacial dos respectivos dados no plano geométrico cartesiano, **onde similaridades e dissimilaridades entre eles atuam artificialmente como forças de atração e de repulsão**, distribuindo os casos individualmente entre os eixos e, ocasionalmente, formando **agrupamentos entre casos e/ou entre variáveis**.

> Um **cluster** é um grupo relativamente homogêneo de casos ou observações. Nesse tipo de análise exploratória são calculadas as distâncias entre objetos em um espaço multiplano representado por eixos de todas as variáveis. Aqui, a análise pode ser entre categorias ou entre variáveis. No caso de analisar os clusters entre variáveis, elas podem ser transformadas em binárias, o que facilitará a interpretação dos resultados (CERVI, 2019, p. 90).

É um instrumento de pesquisa útil, a ser utilizado na descrição de variáveis categóricas, especialmente quanto à identificação de relevantes indícios de relações entre estas variáveis e/ou entre conjuntos de variáveis. A partir de operações estatísticas, as variáveis são organizadas conforme diversos graus de semelhança, em que as variáveis semelhantes são apresentadas mais próximas e as variáveis dessemelhantes são apresentadas mais distantes.

> Parte-se da ideia de que a relação entre duas variáveis pode ser plotada em um gráfico de coordenadas (x, y) para identificar a localização de cada ponto (A e B) no espaço das variáveis. Uma vez identificados os pontos, é possível traçar uma linha que fará a projeção entre eles. [...] Além disso, as relações entre essas distâncias permitem as associações de múltiplas variáveis na descrição de fenômenos ou na explicação de como determinadas características se aproximam ou se distanciam entre si ao mesmo tempo, controladas umas pelas outras (CERVI, 2018, p. 76).

As técnicas de análise de *cluster* estão sim preocupadas basicamente em explorar conjuntos de dados, para avaliar se eles podem ou não ser resumidos de forma significativa em um pequeno número de grupos (*clusters*) de variáveis, objetos ou indivíduos, organizados por semelhanças ou por diferenças entre si (EVERITT et al., 2011, p. 13). A análise de *cluster* é uma ferramenta importante para reduzir (classificar) unidades em grupos, de modo a produzir classificações objetivas e replicáveis, que possam auxiliar a desenvolver a pesquisa científica sobre os fenômenos estudados (FIGUEIREDO FILHO, 2014b), no caso, os fenômenos juridicamente relevantes.

> [A] análise de conglomerados envolve a categorização: dividir um grande grupo de observações em grupos menores para que as observações dentro de cada um deles sejam relativamente similares (i. é, elas possuem quase que totalmente as mesmas características) e as observações em diferentes grupos sejam relativamente dessemelhantes. [...] A maioria das análises de conglomerados é realizada com o objetivo de tratar a da heterogeneidade dos dados. Em lugar de lidar com grupos de observações amplamente divergentes, dividimos o grupo em subconjuntos mais homogêneos (LATTIN et al., 2011, p. 10-11).

Entretanto, a análise de agrupamentos "não confere atenção ao significado conceitual ou político das variações nos dados, buscando somente padrões ou grupos similares" (BETARELLI JUNIOR; FERREIRA, 2018, p. 24), sendo o caso de ser realizada tendo em mente a teoria e as hipóteses disponíveis na literatura sobre o tema pesquisado. Deve a pessoa responsável pela pesquisa estar atenta para a interpretação correta dos resultados gráficos estatísticos e para filtrar determinados resultados que, por exemplo, sejam mera consequência do acaso ou da presença de valores extremos, sem amparo conceitual na literatura sobre o tema.

Tomemos o seguinte exemplo concreto. Carvalho et al. (2016) realizaram uma pesquisa exploratório-descritiva (no universo das ações diretas de inconstitucionalidade propostas entre 1988 e 2010, aproximadamente 4.300 casos) acerca do comportamento decisório do Supremo Tribunal Federal, em relação aos atores legitimados a iniciar o controle concentrado de constitucionalidade, especialmente no que diz respeito às ações propostas pela Confederação Nacional da Indústria (CNI). Os dados obtidos pela pesquisa foram submetidos à análise de agrupamentos, que produziu a seguinte representação gráfica:

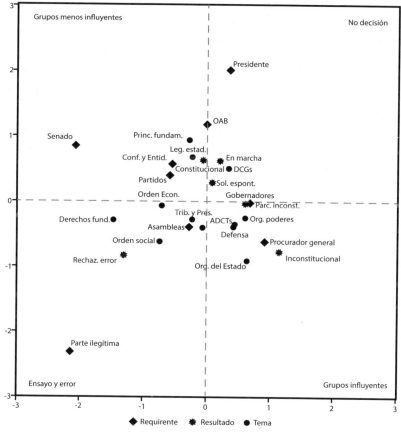

Fonte: Carvalho et al. (2016).

E como interpretar o resultado gráfico da análise de agrupamento? Quando os pontos estão próximos (a), significa que **as categorias estão associadas**; e quanto mais distantes (b), menos **associadas estão** (CARVALHO et al., 2016). Assim, interpretando a figura reproduzida acima, tem-se que "grupos estatais poderosos têm melhores resultados na aprovação de suas demandas" e que "os grupos mais fracos buscam, com pouco sucesso, reparação judicial por aquilo que consideram prejudicial a eles ou ao que indiretamente é de sua competência" (CARVALHO et al., 2016).

No mesmo *cluster* (inferior direito) em que se encontra o resultado "inconstitucionalidade" estão próximos os legitimados procurador geral da república e governadores; já no *cluster* em que se encontra o resultado "constitucionalidade" (superior esquerdo), também se encontram as confederações, as entidades sindicais, os partidos políticos e a Mesa Diretora

101

do Senado Federal. Destaca-se da interpretação dos *clusters* resultantes da análise a forte influência do Procurador Geral da República (PGR) e dos Governadores em relação aos resultados positivos nas ações diretas de inconstitucionalidade e os resultados negativos associados aos partidos políticos e às confederações e entidades de representação nacional, embora estes últimos atores sejam responsáveis por um grande número de ações propostas, o que traria indícios de uma estratégia de manutenção de visibilidade para suas agendas de interesses, mesmo diante de fortes chances de fracasso, na tentativa de controle das normas impugnadas pela via da revisão judicial abstrata (CARVALHO et al., 2016).

Verificou-se, por fim, desta mesma interpretação, que os resultados positivos estavam fortemente associados aos temas organização do Estado, defesa e organização dos poderes e os resultados negativos associados aos temas princípios fundamentais e ordem econômica (CARVALHO et al., 2016).

5
O que "A" tem a ver com "B"?
Testes de associação e de correlação

Como a Netflix sabe quais filmes eu gosto?
(WHEELAN, 2016, p. 82).

Correlação, associação e causalidade

Embora seja comum encontrarmos na literatura uma certa confusão entre os termos associação e correlação, trata-se de conceitos distintos, com aplicações distintas. **Correlação** é adequada para variáveis tipicamente quantitativas (discretas e contínuas), enquanto **associação** é adequada para analisar variáveis de natureza qualitativa (ordinais e nominais).

A **correlação** corresponde à quantificação matemática da força da relação entre duas variáveis, ou seja, como a presença de uma variável pode afetar o comportamento da outra variável presente na análise. Dessa forma, a correlação é identificada entre duas variáveis "quando os valores de uma variável estão de alguma forma associados aos valores da outra variável" (MOORE et al., 2014). Nesse caso, a mudança nos valores de uma variável (X) produz mudanças nos valores da outra variável (Y). Portanto, para a correlação é importante reforçar que as variáveis testadas devem ser necessariamente **quantitativas**.

> Uma análise de correlação tem o objetivo de estimar numericamente o grau de relação entre os comportamentos de duas características de indivíduos de uma população ou de uma amostra da população, caso o objetivo seja fazer inferências estatísticas (CERVI, 2019, p. 148).

Já a **associação** demonstra a existência de uma relação entre duas variáveis **qualitativas**, destacando-se o fato de que quando uma está presente,

103

a outra variável também é identificada. Essa presença simultânea permite que se extraia informações sobre uma variável (Y) mediante a presença da outra (X).

> Tecnicamente, entretanto, associação é sinônimo de dependência e é diferente de correlação [...]. Associação é uma relação muito geral: uma variável fornece informações sobre outra. A correlação é mais específica: duas variáveis são correlacionadas quando exibem uma tendência crescente ou decrescente (ALTMAN, 1974, p. 899).

Por seu turno, a **causalidade** representa a identificação de um nexo material entre a causa (variável) e o resultado concreto observado, ou seja, se a relação existente entre as variáveis pesquisadas (associação ou correlação) produz o efeito concreto observado na pesquisa.

Correlação	Associação	Causalidade
Quantificar matematicamente a força da relação entre duas variáveis: como a variação de uma variável produz mudanças na outra.	Mostrar a existência de uma relação entre duas variáveis: onde uma está presente, a outra também está.	Identificar um nexo material entre a causa (variável) e o resultado concreto: se a relação existente entre variáveis produz o efeito.

Fonte: Elaboração dos autores para efeitos didáticos.

IMPORTANTE LEMBRAR! Nem toda associação ou correlação implica necessariamente uma causalidade.

> A presença de correlação entre duas variáveis não é evidência que uma das variáveis causa a outra. Podemos encontrar uma correlação entre o consumo de cerveja e o peso, mas não podemos concluir a partir das evidências estatísticas que beber cerveja tem um efeito direto sobre o peso (TRIOLA, 2019, p. 68).

A forma mais comum de se testar uma correlação entre variáveis ordinais e quantitativas ocorre por meio do uso da correlação linear de Pearson ("r"), para a medição de tendências lineares, ou da correlação de Spearman (r_s), no caso de medição de tendências crescentes e decrescentes que não são necessariamente lineares (ALTMAN, 2015, p. 899).

Por outro lado, a maneira mais comum de se testar a associação entre variáveis categóricas, analisando as médias de suas frequências, assim como a suposta relação entre elas, é o teste de Qui-quadrado (X^2), por meio do qual se mede a independência das médias, de modo a aferir se as variáveis são independentes entre si ou se estão associadas (CERVI, 2019, p. 11).

> Uma estratégia empírica adequada é essencial para a identificação de efeitos causais. Um modelo teórico deve ser utilizado para se estabelecer as hipóteses testáveis. Nem sempre é possível adotar uma estratégia de identificação, diante da natureza dos dados, que são observacionais e não experimentais (CASTRO, 2017, p. 72).

Portanto, verificamos que os coeficientes de correlação e de associação são utilizados como ferramentas importantes para identificar a intensidade ou o grau de correlação (ou associação) entre as variáveis testadas. Um exemplo prático de aplicação desses testes é encontrado nos serviços de *streaming*. Mediante ocultos testes estatísticos de associação, incluídos nos respectivos aplicativos, seus preferidos serviços de *streaming* relacionam variáveis categóricas (p. ex., gênero, faixa etária, escolaridade etc.) incluídas em seu perfil de usuário com outras variáveis categóricas (relacionadas às características dos produtos), indicando-lhe músicas e/ou filmes que melhor representem seu perfil, com baixa margem de erro. Tais indicações, ainda, são aperfeiçoadas por meio de outros testes que relacionam suas avaliações positivas ou negativas com as associações anteriormente encontradas.

IMPORTANTE LEMBRAR! Embora as técnicas de análise estatística por regressão tragam um retrato mais completo e aprofundado do fenômeno que se pretende explicar quantitativamente, **os testes de associação e de correlação**, por si só, já trazem resultados importantes (apontando a existência, ou não, de relação entre as variáveis), especialmente quando não for adequado aplicar as regressões à sua pesquisa (p. ex., amostras ou universos reduzidos).

Correlação espúria

> *[...] os humanos são bons, ela sabia, em discernir padrões sutis que realmente existem, mas da mesma forma em imaginá-los quando estão totalmente ausentes* (SAGAN, 1979).

Nem toda associação ou correlação implica necessariamente uma relação causal entre as variáveis, tampouco efeitos outros de uma sobre a outra. Muitas vezes, variáveis apresentam comportamentos simultâneos e paralelos, sem qualquer relação (correlação ou associação) entre elas, produzindo uma aparência relacional (estatisticamente detectável), sem qualquer importância no mundo concreto. Noutras vezes, há alguma interação entre as variáveis, mas não suficiente ou determinante para que ocorra o efeito (fato concreto) objeto da pesquisa empírica quantitativa. É a chamada **correlação (ou relação) espúria.**

> [...] vimos que os primeiros bebês tendem a ser mais leves que os outros, e esse efeito é estatisticamente significativo. Mas é um resultado estranho porque não existe um mecanismo óbvio que faria com que os primeiros bebês fossem mais leves. **Portanto, podemos nos perguntar se essa relação é espúria.** Na verdade, há uma explicação possível para esse efeito. Vimos que o peso ao nascer depende da idade da mãe, e podemos esperar que as mães dos primeiros bebês sejam mais jovens do que as outras (DOWNEY, 2015, p. 131).

Todas as possíveis relações entre variáveis podem e devem ser confrontadas com a teoria, com a coerência lógica das afirmações e com as relações causais já conhecidas, de modo a reduzir drasticamente as chances de se estar ingenuamente tratando uma situação espúria como um dado científico relevante.

> Às vezes, você começa com uma teoria e usa dados para testá-la. Outras vezes, você começa com dados e procura teorias possíveis. A segunda abordagem [...] é chamada de mineração de dados. Uma vantagem da mineração de dados é que ela pode descobrir padrões inesperados. Um perigo é que muitos dos padrões que ela descobre são aleatórios ou espúrios (DOWNEY, 2015, p. 136).

Iniciar uma pesquisa a partir de uma sólida revisão bibliográfica da teoria e de um problema de pesquisa extraído dessa mesma teoria nos auxilia a questionar eventos estatísticos que não apresentem nexo com o objeto de estudo.

Por outro lado, um pesquisador quantitativo que opte pela mineração de dados deverá periodicamente retornar à teoria para a interpretação correta de seus resultados e para a formulação de hipóteses e problemas de pesquisa, caso queira reduzir seus riscos de conduzir uma pesquisa a partir de dados espúrios (cf., p. ex., POLLOCK III, 2016, p. 159-161; HARREL JUNIOR, 2015, p. 2; SILVA, 2018, p. 58-60; ROCHA et al., 2017, p. 45-48; CERVI, 2017, p. 34-35).

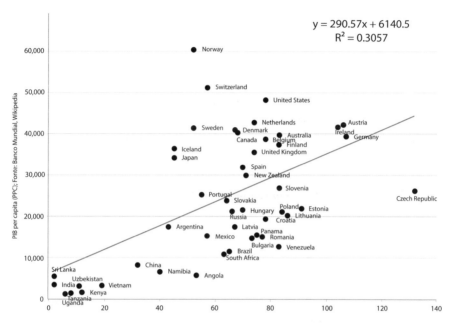

Fonte: Blog Segredos da Estatística. Disponível em: https://segredosdaestatistica.wordpress.com/semanas/semana-5-correlacoes/

No gráfico acima, vê-se um bom exemplo de correlação espúria: embora matematicamente essas variáveis **pareçam fortemente correlacionadas** entre si, **não há concretamente qualquer relação de causalidade** entre o produto interno bruto *per capita* (PIB *per capita*) em cada país e o consumo de cerveja *per capita* nesses mesmos países. Excluindo diferenças religiosas e culturais, países mais ricos e mais populosos tendem a consumir mais cerveja, entre vários bens de consumo, não havendo a aludida causalidade no sentido inverso.

Tyler Vigen (2015) dedicou-se em sua atividade de pesquisa a identificar e explorar alguns exemplos interessantes (quiçá anedotários) de correlação espúria:

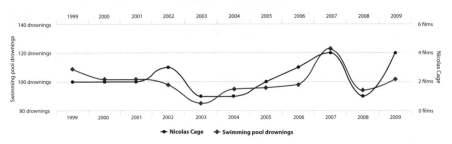

Fonte: Vigen (2015).

Inicialmente, encontrou alta correlação ("r" 0,666004) entre o número de pessoas que anualmente se afogam caindo numa piscina e os anos em que ocorreram lançamentos de filmes estrelados pelo ator Nicolas Cage.

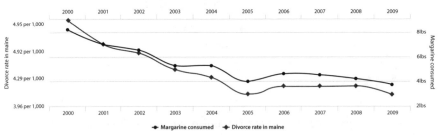

Fonte: Vigen (2015).

Noutra situação, identificou uma correlação muito alta ("r" 0,992558) entre as taxas de divórcio no estado norte-americano do Maine e o consumo *per capita* de margarina naquela localidade. **Claro que nada disso faz sentido!** Pesquisas empíricas quantitativas devem sempre estar atentas a resultados absurdos, mas também a resultados aparentemente coerentes, que, focados exclusivamente no método, relacionem variáveis sem qualquer importância entre si ou contribuição concreta para o resultado ou para entender o fenômeno investigado.

Ademais, Paranhos et al. (2014) alertam para os perigos analíticos a que estão sujeitas pesquisas quantitativas, ao lidar com correlações espúrias, afirmando ser "[...] conhecida a tendência do cérebro humano em identificar padrões, mesmo quando diante de distribuições aleatórias [...]", bem como advertem que por "[...] mais estranhas que possam parecer, as correlações espúrias, assim como os *outliers*, são recorrentes em diferentes áreas do conhecimento".

> Talvez o mais complicado de todos os tipos seja aquele muito comum em que nenhuma das variáveis tem qualquer efeito sobre a outra, mas, ainda assim, existe uma correlação real. Muitas tramoias têm sido feitas a partir dessa categoria. O caso das notas baixas dos fumantes se encaixa nesse modelo, assim como todas as muitas estatísticas médicas citadas sem a ressalva de que, embora a relação tenha sido demonstrada como real, sua natureza de causa e efeito é apenas uma especulação (HUFF, 2016, p. 90).

IMPORTANTE LEMBRAR! Toda pesquisa empírica parte da teoria sobre o tema para a formulação dos problemas de pesquisa e, portanto, achados empíricos que logicamente não sejam coerentes com a teoria nem reflitam o comportamento dos atores ou o funcionamento das instituições devem ser rejeitados (embora possam apresentar aparente correlação estatística).

Teste de Qui-Quadrado (Chi-Square, X^2 ou Q^2)

O que é?

Enquanto a regressão e a correlação são utilizadas quando as variáveis estudadas trazem algum valor ou contam alguma coisa (variável resposta quantitativa), o teste qui-quadrado é utilizado em situações em que as variáveis estudadas são categóricas, ou seja, são variáveis que representam categorias, a exemplo das variáveis gênero e partido político. A partir dessa consideração, o teste qui-quadrado calcula a probabilidade de que a diferença de frequências (ou proporções) entre duas variáveis nominais (categóricas) possa ser atribuída ao acaso (RUBIN; BABBIE, 2017, p. 546).

Para que serve?

O teste qui-quadrado é um teste não paramétrico, ou seja, que não depende de parâmetros populacionais (média e variância), comumente usados para variáveis categóricas, e que parte de uma hipótese nula de que não existem diferenças significativas entre as distribuições comparadas, a partir da comparação dos resultados observados com os resultados esperados (CERVI, 2017, p. 206).

> Qui-quadrado (pronunciado "ki-quadrado" e escrito X^2) é o teste não paramétrico mais comumente usado: não só porque é relativamente fácil de usar, mas também porque se aplica a uma ampla variedade de problemas de pesquisa. O teste qui-quadrado unilateral pode ser usado para determinar se as frequências que observamos anteriormente diferem significativamente de uma distribuição uniforme (ou qualquer outra distribuição que possamos supor) [...] (LEVIN et al., 2014, p. 321).

Uma de suas premissas é comparar proporções, identificando-se possíveis divergências entre as frequências observadas e esperadas para um certo evento. Para além da verificação das frequências, compara-se a distribuição dos acontecimentos em diferentes amostras, de forma a avaliar se as proporções observadas na análise mostram ou não diferenças significativas ou se as amostras diferem significativamente quanto às proporções dos acontecimentos.

> [...] Os estudos Q^2 agregaram valor ao melhorar e / ou ampliar a análise de quatro aspectos da estrutura causal, ou seja, variáveis causais, pesos, mecanismos e a "árvore" causal, ao mesmo tempo em que direcionam a atenção para questões de validade externa. [...] uma grande contribuição da análise Q^2 tem sido combinar análises de resultados e processos. Historicamente, esta é uma das principais formas pelas quais as abordagens "qualitativas" e "quantitativas" foram integradas [...] (SHAFFER, 2013, p. 91, 78).

Técnica de análise	Variável dependente	Variável independente	Variável interveniente
Teste de Qui-Quadrado (associação)	Qualitativa nominal ou ordinal	Qualitativa nominal ou ordinal	Não se aplica

Fonte: Cervi (2017), com base em Pereira (2004).

Mediante a comparação dos resultados observados com os resultados esperados, caso não sejam identificadas diferenças significativas entre estes resultados, a hipótese nula é confirmada, o que corresponde a **não associação** entre os grupos. Por outro lado, caso sejam identificadas diferenças significativas, a hipótese nula é rejeitada, o que significa dizer que

há associação entre os grupos. A tabela abaixo traz um resumo sobre a aplicação prática do teste qui-quadrado:

Qui-Quadrado (Chi-Square)	X^2	Coeficiente >= valor crítico	Coeficiente < valor crítico	Nível de significância (α)
Associação	Valores altos indicam que as frequências esperada e observada estão distantes (**indícios de associação**). Valores baixos indicam que as frequências esperada e observada estão próximas (**indícios de ausência de associação**).	Rejeitada a hipótese nula (H_0), as variáveis são dependentes. **Presente a associação**	Não rejeitada a hipótese nula (H_0), as variáveis independem. **Ausente a associação**	p<0,050 (5%)

Fonte: Elaboração dos autores para efeitos didáticos.

Exemplificativamente, Souza et al. (2017) recorreram ao teste de qui-quadrado para auxiliar na compreensão da institucionalização da assistência farmacêutica no Brasil, obtendo resultados significativos quanto à associação entre variáveis relacionadas aos aspectos normativos, mas não encontrando associação quanto às atividades finalísticas, de integração com outras áreas técnicas ou de controle e participação social.

Por sua vez, Vanessa Elias de Oliveira (2009) usou o teste de qui-quadrado para testar as variáveis associadas ao deferimento de liminares em ações diretas de inconstitucionalidade, identificando uma tendência do Supremo Tribunal Federal em decisões colegiadas ou individuais, favorecer a União, em detrimento dos estados, no julgamento de questões de constitucionalidade de ordem federativa.

Da mesma forma, Fabiana Luci de Oliveira (2012) testou a associação entre a orientação partidária do governo responsável por editar a legislação impugnada e o resultado da decisão em ações diretas de inconstitucionalidade, por meio do teste de qui-quadrado, identificando que, no plano da revisão judicial concentrada, "o Supremo respondeu às demandas de forma muito mais positiva [aos requerentes] no governo Lula do que no governo FHC".

Coeficiente Cramer's V

O que é?

O coeficiente de Cramer (V) é uma medida de associação entre duas variáveis nominais (categóricas), para aquelas situações em que a informação se encontra distribuída por categorias nominais, não ordenáveis.

Para que serve?

É aplicado em complemento ao teste de qui-quadrado: além de se medir a existência de uma associação entre as variáveis na amostra ou na população, agora mede-se a força (tamanho dos efeitos estatísticos) dessa suposta relação.

> O V de Cramer é uma medida de associação para comparar vários grupos ou categorias no nível nominal quando uma tabela tem diferentes números de linhas e colunas (LEVIN et al., 2014, p. 505).

Técnica de análise	Variável dependente	Variável independente	Variável interveniente
Cramer's V	Qualitativa nominal	Qualitativa nominal	Não se aplica

Fonte: Elaboração dos autores para efeitos didáticos.

O teste V de Cramer mede a associação entre duas variáveis (a variável de linha e a variável de coluna), apresentando valores padronizados para V, que variam entre 0 e 1, sendo 0 (zero) a ausência de força; valores próximos a 0, associação fraca; valores próximos a 1, associação forte; e o valor 1, representando a associação absoluta entre as variáveis testadas.

Cramer's V	0,000 (0%)	1,000 (100%)
Força da associação	Associação ausente entre as variáveis	Associação absoluta entre as variáveis

Fonte: Elaboração dos autores para efeitos didáticos.

Matás Castillo et al. (2021), numa pesquisa sobre os fatores que poderiam influenciar nos programas de justiça restaurativa (JR), serviram-se do coeficiente *Cramer's V* para medir o tamanho dos efeitos das aparentes associações verificadas pelo teste de qui-quadrado, descobrindo que o tipo de conflito associou-se significativamente ao conteúdo dos acordos (x^2 = 102,292, p < 0,001) com força de associação considerada pelos autores no ambiente da pesquisa e em comparação às demais associações, de **média para alta (V = 0,442,** p < 0,001).

Angeli (2016), numa pesquisa empírica quantitativa sobre os perfis de usuários da Lei de Acesso à Informação, empregou o V de Cramer para testar a relação entre o referido uso e a escolaridade e sexo dos requerentes (**V=0,054**, p 0,000), o que significa que o nível de instrução dos solicitantes explica apenas 5,44% do uso do direito de acesso à informação, diferenciado por homens ou por mulheres, isto é, **havia uma associação, mas muito fraca.**

Testes de correlação (Pearson ou "r")

O que é?

O coeficiente de variação de Pearson (r) é uma medida de dispersão obtida por meio do quociente entre o desvio-padrão e a média aritmética, sendo indicado para comparação de variáveis "que não possuem a mesma unidade de medida ou nos casos em que há grandes diferenças de quantidades nos números de observações, pois a variável com mais elementos terá maior probabilidade de ser mais heterogênea" (CERVI, 2017, p. 120).

Para que serve?

A correlação de Pearson ("r") calcula a probabilidade de que uma estatística que mede a relação entre duas variáveis possa ser atribuída, ou não, ao acaso (RUBIN; BABBIE, 2017, p. 546).

Técnica de análise	Variável dependente	Variável independente	Variável interveniente
Correlação de Pearson (r)	Quantitativa contínua	Quantitativa contínua	Qualitativa nominal ou ordinal

Fonte: Cervi (2017), com base em Pereira (2004).

O *"r" (Pearson)* mede a correlação entre as variáveis e seu resultado sempre é padronizado entre **-1 e +1**, sendo o sinal positivo (+) a indicação de uma correlação direta (a variação de X provoca uma variação em Y no mesmo sentido) e o sinal negativo (-) a indicação de uma correlação inversa (a variação em X provoca uma variação em Y no sentido contrário), já valores próximos ou iguais a 0 (zero) indicam ausência de correlação ou uma correlação fraca entre as variáveis (cf. FIGUEIREDO FILHO; SILVA JÚNIOR, 2009).

"r" (Pearson)	-1	0	1
Correlação	Forte e negativa	Fraca ou ausente	Forte e positiva

Fonte: Elaboração dos autores para efeitos didáticos.

Empregando o teste de correlação de Pearson ("r"), Barbosa e Carvalho (2020) identificaram a existência de correlação (**r 0,862**) entre os valores que indicam a fragmentação político-partidária no Brasil e variação no valor do índice de empoderamento judiciário por eles desenvolvido, com a finalidade de testar a relação entre a independência judicial e a governabilidade.

Por outro lado, Ferreira (2017), testando quais variáveis estariam relacionadas aos pedidos de recuperação judicial por empresas brasileiras, por meio do teste de Pearson ("r"), encontrou alta correlação entre as variáveis patrimônio líquido e $Selic_{mo}$ (**r 0,790**), o que mostrava que a variação na taxa de juros estava correlacionada com a variação patrimonial das empresas e, consequentemente, com os referidos pedidos.

Testes de correlação de Spearman (r_s)

O que é?

O coeficiente de correlação de Spearman (r_s) é aplicado quando são testadas uma ou mais variáveis categóricas ordinais (CERVI, 2017, p. 150), medindo a força e a direção a partir dos valores classificados de cada variável.

Para que serve?

A correlação de Spearman é utilizada nas análises em que as variáveis correlacionadas são apresentadas pelo menos em escala de mensuração ordinal. Dessa forma, a ferramenta objetiva identificar o grau de associação para dados ordinais, os quais "foram classificados e ordenados de acordo com a presença de uma determinada característica" (LEVIN et al., 2014, p. 444).

O coeficiente de correlação ordinal de Spearman é empregado quando X é uma medida de intervalo e Y é uma medida ordinal (LEVIN et al., 2014, p. 505).

Spearman (r_s)	-1	0	1
Associação	Forte e negativa	Fraca ou ausente	Forte e positiva

Fonte: Elaboração dos autores para efeitos didáticos.

Tal como o teste de Pearson ("r"), o teste de correlação de Spearman (r_s) também é padronizado num intervalo de valores que variam entre **-1 e +1**, para o qual números próximos a -1 mostram uma correlação forte e inversa, números próximos a +1 mostram uma correlação forte e direta e números iguais ou próximos a 0 (zero) apontam para a ausência de correlação ou uma correlação fraca.

Técnica de análise	Variável dependente	Variável independente	Variável interveniente
Testes de correlação de Spearman	Qualitativa ordinal	Qualitativa ordinal	Não se aplica

Fonte: Elaboração dos autores para efeitos didáticos.

Boing et al. (2013), em pesquisa empírica quantitativa sobre as ordens judiciais para fornecimento de medicamentos no Estado de Santa Catarina, constataram, por meio do teste de correlação de Spearman, que os municípios com melhores indicadores socioeconômicos apresentaram maior número de ações deferidas por habitante (**R_s +0,737**).

Por sua vez, Joireman (2004) empregou o teste de correlações bivariadas de Spearman para testar associações entre índices (variáveis qualitativas ordinais) que medem bem-estar econômico, estabilidade política e respeito pelas liberdades e direitos individuais entre os países, encontrando, neste sentido, poucas diferenças entre os sistemas da *civil law* e da *common law* (**R_s -0,004**).

Teste de associação entre variáveis binárias (Q-Yule, Qxy)

O que é?

O teste de associação entre variáveis binárias (Q-Yule) é um teste estatístico que objetiva verificar se duas variáveis dicotômicas estão relacionadas entre si, além de mensurar a intensidade da relação e identificar se os resultados podem ser generalizados para a totalidade da população a partir do teste de associação em amostras (CERVI, 2019, p. 36).

Técnica de análise	Variável dependente	Variável independente	Variável interveniente
Associação entre Variáveis Binárias (Q-Yule, Qxy)	Qualitativa nominal binária (0/1)	Qualitativa nominal binária (0/1)	Não se aplica

Fonte: Elaboração dos autores para efeitos didáticos.

Para que serve?

As variáveis binárias são variáveis categóricas com apenas dois resultados possíveis, que indicam a presença ou a ausência de determinada característica. Normalmente, a representação gráfica dessas variáveis ocorre por meio da utilização de 0 e 1, em que o "0" indica a ausência e o "1" indica a presença da característica observada.

> Um teste estatístico para medir a existência ou não de relação entre duas variáveis dicotômicas e, no caso de existir relação, a força e a direção da mesma é o Qxy, como veremos a seguir (CERVI, 2014, p. 35).

Dessa forma, o teste estatístico do Q-Yule é empregado quando a análise necessita cruzar as variáveis dicotômicas, de forma a verificar a existência ou não de relação entre essas variáveis, medindo-se se essa associação é forte e negativa, fraca ou ausente ou forte e positiva.

Q-Yule	-1	0	1
Associação	Forte e negativa	Fraca ou ausente	Forte e positiva

Fonte: Elaboração dos autores para efeitos didáticos.

Os resultados desse teste produzem um coeficiente padronizado para o intervalo entre os valores de 1 e -1, em que os valores próximos a 1 indicam uma associação forte e positiva; os valores próximos a -1 indicam uma associação forte e negativa; assim como os valores próximos a 0 indicam uma associação fraca ou inexistente.

Santos e Travagin (2015), numa pesquisa empírica quantitativa sobre o desempenho dos partidos políticos nas campanhas para prefeito entre 1996 e 2012 no Estado do Rio de Janeiro, encontraram uma associação positiva forte (**0,6443**) entre os competidores apoiados pelo governador e o êxito eleitoral, considerando os testes de variáveis binárias Q-Yule (Qxy). Por sua vez, Doerner e Ho (1994), numa pesquisa quantitativa sobre os fatores que influenciavam no uso de força letal por policiais durante operações simuladas, obtiveram um coeficiente Qxy (**-0,230**) entre nível de experiência dos agentes e o resultado letal, o que indicaria, naquele contexto, que os novatos teriam mais probabilidade do que os veteranos de sair ilesos de um encontro de alto risco.

Teste com variáveis ordinais (Gamma, coeficiente Gama ou G)

O que é?

O coeficiente Gama é o teste estatístico indicado quando o pesquisador pretende medir o grau de associação entre variáveis categóricas ordinais ou quando pelo menos uma das variáveis é ordinal (CERVI, 2019, p. 59).

Técnica de análise	Variável dependente	Variável independente	Variável interveniente
Teste com variáveis ordinais (Gamma, G)	Qualitativa ordinal	Qualitativa ordinal	Não se aplica

Fonte: Elaboração dos autores para efeitos didáticos.

Para que serve?

Quando as variáveis definidas na pesquisa apresentam valores diferentes, estabelecidos em escala ou ordem de categorias, vimos que se denominam como variáveis ordinais. Diferentemente dos demais testes, o coeficiente Gama permite que o pesquisador realize testes para medir a força da relação entre variáveis dicotômicas, a partir de coeficientes usados em tabelas com mais de duas linhas e colunas.

Gamma (G)	0,000 (0%)	1,000 (100%)
Força da associação	Associação ausente entre as variáveis	Associação absoluta entre as variáveis

Fonte: Elaboração dos autores para efeitos didáticos.

O resultado do teste Gamma (G) varia entre **0,000 (0%)**, representando a ausência de associação entre as variáveis ordinais testadas, e **1,000 (100%)**, correspondente à presença de uma associação absoluta entre as referidas variáveis.

Monroe et al. (2019), utilizando o coeficiente Gama para testar a força da associação entre diversos fatores e o êxito nas eleições para o cargo de juiz estadual no Texas, verificaram que o exercício prévio de mandato eletivo (*incumbency*) – seja como juiz, seja como parlamentar – mostrava associações fortes para que os candidatos fossem eleitos posteriormente para a Texas Supreme Court (**G 0,862**) ou para a Texas Court of Criminal Appeals (**G 1,000**).

6
Como "A" afeta "B"?
Análise por regressão linear

> *O modelo regressão linear é uma poderosa ferramenta em análise de dados* (ROCHA et al., 2017, p. 52).

> *Modelos de regressão são usados há décadas e são a ferramenta mais comum em pesquisas jurídicas empíricas* (EPSTEIN; MARTIN, 2010, p. 916).

Seria o aumento da produtividade judicial causado pelo aumento no número de sentenças de extinção do processo sem resolução de mérito durante o período da meta 2 do CNJ? A redução no número de armas de fogo vendidas causaria redução na taxa de homicídios? O aumento na taxa de escolaridade do município teria impacto positivo na prevenção dos atos infracionais praticados por adolescentes? Os cortes orçamentários nas despesas com transporte tiveram impacto na taxa de congestionamento do município?

Todas essas questões de pesquisa têm em comum o teste quanto à existência de correlação entre a variação nos valores de uma variável quantitativa e variação nos valores de outra variável também quantitativa. Para resolver tais problemas quantitativos, o instrumental estatístico adequado é **a análise por regressão linear**.

> A regressão linear simples estuda a relação entre uma variável de resposta y e uma única variável explicativa x. Espera-se que diferentes valores de x produzam diferentes respostas médias para y (MOORE et al., 2014, p. 989).

Por meio desta ferramenta, identifica-se simultaneamente (TRIOLA, 2019):

- a **existência** (ou não) de correlação entre as variáveis;
- a **intensidade** da correlação;
- o **sentido** da correlação (se as variações seguem no mesmo sentido ou se a variação num sentido provocaria variação em outro sentido);
- o **melhor valor previsto** de uma variável (Y), dado algum valor da outra variável (X).

Tais informações nos auxiliam a verificar se as alterações sofridas na variável independente (regressor) afetam o comportamento da variável dependente (fenômeno estudado), provocando aumento ou diminuição em seus valores, ou se não existe correlação entre as variáveis, que podem variar ou permanecer estáveis, sem influência entre si.

> Uma análise de regressão que inclui uma única variável explicativa para estudar sua associação linear com uma variável de resposta é conhecida como regressão linear simples (AGRESTI et al., 2018, p. 593).

Às vezes, duas variáveis compõem uma relação de correlação (indício concreto de causalidade), o que significa que, dado um valor para uma variável, o valor da outra variável pode ser determinado estatisticamente, com certo grau de precisão (TRIOLA, 2019).

> A regressão é um método para estudar a relação entre uma variável de resposta Y e uma covariável X. A covariável também é chamada de variável preditora ou característica. Uma maneira de resumir a relação entre X e Y é por meio da função de regressão (WASSERMAN, 2004, p. 209).

Daí vem o nome da ferramenta (**regressão**): estima-se estatisticamente a influência da distribuição dos valores das variáveis explicativas (X ou regressores) sobre a variação dos dados da variável dependente (Y ou resposta). A partir disso, podemos predizer aproximadamente qual seria o valor da variável dependente (Y) quando presente determinado valor na variável independente (X), desde que verificada uma relação linear entre as variáveis (TRIOLA, 2019, p. 480).

> O modelo de regressão linear permite realizar inferências sobre a relação linear entre variáveis de intervalo em uma população (EPSTEIN; MARTIN, 2014, p. 182).

IMPORTANTE LEMBRAR! As correlações testadas na análise de regressão linear buscam compreender supostas relações de causalidade entre variáveis; logo, a variável dependente (Y) será o efeito e a variável independente (X) será a suposta causa a ser verificada.

Ilustrativamente: um sucessivo aumento nas vendas de armas de fogo (facilitado por recente mudança legislativa) estaria correlacionado à variação nos números de homicídios por arma de fogo registrados no período estudado? A utilização da análise por regressão linear produziria importantes elementos quantitativos para responder essa pergunta.

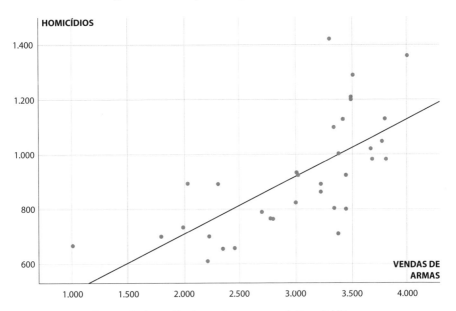

Fonte: Elaboração dos autores para efeitos didáticos.

Conforme os resultados da análise por regressão linear, os dados da pesquisa hipotética, ilustrados no gráfico acima (*scatter plot*) mostram que as médias dos casos convergem para uma correlação positiva entre as duas variáveis hipoteticamente testadas no modelo estatístico, apontando para indícios de causalidade entre elas, pois o aumento na variável regressora (explicativa ou X, venda de armas) estaria quase sempre acompanhado de aumento na variável resposta (Y, número de homicídios).

E o que isto significa para as pesquisas jurídicas quantitativas? Se se busca testar o efeito da alteração de um quantitativo supostamente preditor sobre uma consequência também quantitativa, **a regressão linear é a ferramenta adequada**.

Um modelo de regressão descreve como a média da população de cada distribuição condicional para a variável de resposta depende do valor da variável explicativa. Um modelo de regressão linear **usa a linha (tendência) para conectar as médias** e também tem um parâmetro que **descreve a variabilidade das observações em torno da média de Y a cada valor X** (AGRESTI et al., 2018, p. 600).

Técnica de análise	Variável dependente	Variável independente	Variável interveniente
Regressão linear	De preferência quantitativa	De preferência quantitativa	De preferência qualitativa

Fonte: Cervi (2017), com base em Pereira (2004).

Após submeter seu conjunto de dados (variáveis quantitativas discretas e/ou contínuas, bem como variáveis qualitativas ordinais) à análise por regressão linear, se obterá como resultado **o seguinte conjunto de informações**, cuja interpretação conjunta fornecerá os elementos necessários para entender a suposta correlação entre as variáveis objeto da pesquisa:

B	Beta	sig. (p-valor)	r	r^2

Fonte: Elaboração dos autores para efeitos didáticos.

Vejamos, portanto, o significado dos parâmetros apresentados acima, o que nos dizem sobre o resultado da análise por regressão linear e, consequentemente, sobre a correlação entre as variáveis estudadas.

B (coeficiente) e Beta (coeficiente ajustado ou padronizado)

As medidas de relacionamento entre duas variáveis (no caso, originadas numa análise de regressão) são indicadas por coeficientes, que significam a força e a direção da associação entre as variáveis (SINGH, 2007). Ademais, no caso de análise de regressão linear, os pesquisadores podem determinar a força e a medida da correlação verificando o valor do coeficiente de regressão (B).

> Os coeficientes de regressão ou coeficientes B representam as contribuições independentes de cada variável independente para a previsão da variável dependente (SINGH, 2007, p. 182).

De maneira simplificada, o coeficiente de regressão indica a medida **média** do valor da variação da variável dependente (Y) caso o valor numérico da variável independente (X) fosse aumentado em 1 (um) ponto.

> No modelo de regressão linear comum, por exemplo, β é a mudança no valor esperado de Y por mudança de unidade em X (HARRELL JUNIOR, 2015, p. 15).

Tomemos como exemplo a seguinte situação hipotética: numa pesquisa quantitativa em que se teria utilizado análise por regressão linear para medir os efeitos da variação no número percentual de participantes (crianças e adolescentes) em programas esportivos municipais (X) sobre a variação percentual mensal nos números de infrações cometidas por crianças e por adolescentes naquele município (Y) teria sido obtido o coeficiente (B) no valor de **-0,388**.

A intensidade do coeficiente deve ser lida em valores absolutos e a direção da correlação é consequência do sinal (+ ou -) do coeficiente. Isso significaria que **o aumento em 100%** (cem por cento) no número de participantes do programa esportivo estaria, em média, correlacionado à diminuição em 38% **(trinta e oito por cento) nas infrações**, naquele período e naquele lugar, o que daria subsídios decisórios aos gestores municipais quanto à importância da prática esportiva para a redução da violência e da criminalidade nessa faixa etária.

B	$-\infty$	0,000	$+\infty$
Efeito da correlação	Aumento do regressor diminui o resultado	Correlação ausente entre as variáveis	Aumento do regressor aumenta o resultado

Fonte: Elaboração dos autores para efeitos didáticos.

Hartmann et al. (2017), utilizando um modelo de pesquisa baseado em análise por regressão linear, descobriram a existência de uma correlação positiva entre o tempo de televisionamento dos julgamentos do Supremo Tribunal Federal e o aumento do tempo de debates entre os ministros, obtendo um coeficiente (B) de **0,990**, com alta significância estatística. Interpretando tal dado, tem-se que o aumento em 1 unidade no tempo de televisionamento aumentaria, em média, **1,99** ponto para o tempo usual de debates nos votos dos ministros, demonstrando que uma maior exposição pública na televisão seria causa de uma maior extensão nos julgamentos.

Em outra situação exemplificativa, James L. Gibson (1978) em pesquisa quantitativa pioneira testou, mediante regressão linear, a existência de correlação entre as preferências pessoais (atitudes) dos juízes norte-americanos em relação a questões criminais e seus comportamentos ao sentenciar processos criminais, aferindo um coeficiente (B) em valores entre **-0,010 e +0,030**, cuja interpretação aponta uma variação muito pequena nas condenações criminais, conforme variavam os índices indicativos das preferências (atitudes) dos magistrados.

Numa pesquisa quantitativa sobre as consequências dos graus de cumprimento da Lei de Acesso à Informação (LAI) pelos municípios brasileiros, Batista et al. (2020), a partir de um modelo de regressão linear, identificaram que um maior grau de transparência não produz efeitos significativos sobre a melhora da *performance* governamental, isto é, a transparência não diminui a ocorrência de irregularidades na gestão local (0,123), não diminui a má gestão (0,114) ou a corrupção (0,009).

Já o coeficiente ajustado (padronizado ou Beta) é uma versão do (B) que indica o quão forte é a correlação entre a variável regressora (X) e o resultado (Y). Quando o beta padronizado é 0, a relação entre as variáveis é fraca. Quando o valor de Beta é 1 ou -1, há uma relação forte entre as variáveis. Betas negativos, padronizados ou não, indicam que o aumento da variável preditora implica a diminuição da variável de resultado. Valor de Beta próximo ou igual a 0 (zero) mostra a ausência de força na correlação entre as variáveis.

Beta	-1	0	1
Força da correlação	Forte e negativa	Fraca ou ausente	Forte e positiva

Fonte: Elaboração dos autores para efeitos didáticos.

IMPORTANTE LEMBRAR! Na regressão linear, o Beta apresenta-se como uma importante medida da correlação, aplicada em conjunto com o "r" de Pearson e em complemento a ele, pois diferencia as variáveis dependentes (Y) e independentes (X).

Na pesquisa realizada por Hartmann et al. (2017), a relação entre as variáveis televisionamento dos julgamentos do Supremo Tribunal Federal (X) e tempo de debates entre os ministros (Y) obteve um Beta no valor de **0,541**, em que se vê uma relevante indicação de correlação entre estas variáveis que foram testadas na referida pesquisa. Por sua vez, Barbosa et al. (2018), utilizando-se de um modelo de regressão linear, testaram a relação entre os índices de governabilidade e de independência judicial (ambos extraídos do V-DEM, versão 8.0), obtendo um Beta no valor de **-0,721**, o que indica uma forte correlação negativa entre os dois índices, ou seja, quanto maior a independência do Judiciário, menor a capacidade de governar do Executivo.

Significância estatística (p-valor)

Voltamos a falar sobre um conceito quantitativo fundamental: a significância estatística. No contexto da análise por regressão linear, a significância estatística (p-valor) representa a capacidade de cada variável testada afastar a hipótese nula, isto é, permitir inferências corretas sobre o comportamento linear das variáveis pesquisadas em relação à população, a partir da distribuição dos casos ao longo da amostra. Em Ciências Sociais e Sociais Aplicadas, adota-se como padrão o conjunto de valores entre **0,000** (significante para 100%) e **0,050** (significante para 95%) para se poder indicar a significância alta dos resultados de uma variável em relação à distribuição dos dados da amostra.

Significância estatística[14]	p-valor
Alta	0,000 a 0,010
Marginal	0,011 a 0,050
Baixa	0,051 a 0,100
Ausente	0,100 a 1,100

Fonte: Elaboração dos autores com base em Figueiredo Filho et al. (2013).

---

14. Tais parâmetros, originalmente extraídos das Ciências da Saúde e das Ciências Exatas, foram pensados a partir da ideia de universos e amostras muito grandes. Em universos reduzidos (e respectivamente suas amostras), tais parâmetros perdem poder explicativo e precisam ser observados conforme as características específicas do objeto.

Na pesquisa realizada por Hartmann et al. (2017), a relação entre as variáveis televisionamento dos julgamentos do Supremo Tribunal Federal (X) e tempo de debates entre os ministros (Y) obteve um p-valor de **0,010**, correspondente a uma alta significância estatística, na qual a correlação mostrou-se significante para 99% (noventa e nove por cento) dos casos, permitindo um alto grau explicativo daquela amostra de processos em relação à totalidade de julgamentos realizados pelo STF.

Independentemente dos valores obtidos para os coeficientes, dizer que determinada variável se mostrou (ou não) estatisticamente significante não tem qualquer relação com a qualidade da pesquisa realizada. Tal parâmetro estatístico nos informa, a partir (1) da quantidade de vezes que o dado se apresenta nos casos componentes da amostra e (2) da forma como está o dado distribuído ao longo desta amostra, se há (ou não) informação suficiente para que se possa produzir inferências estatísticas sobre o todo.

Noutras palavras, o p-valor nos indica se os resultados da análise de regressão logística realizada na amostra são aptos a produzir inferências sobre a correlação entre as variáveis testadas em relação ao todo (população). Como já mencionado no capítulo 2, variáveis sem significância ou com significância marginal podem apontar tendências ou *insights* a serem testados por meio de outras novas amostras aleatoriamente colhidas. Do mesmo modo, este parâmetro torna-se irrelevante para pesquisas censitárias, ou seja, naquelas envolvendo a população inteira dos casos.

r (coeficiente de Pearson) e r^2 (coeficiente de determinação, r-quadrado ou r ajustado)

Os dois últimos coeficientes originários do resultado da análise por regressão linear são o *"r" (Pearson)* e o "r^2" (r-quadrado), que tratam das medidas de correlação entre as variáveis testadas no modelo linear. Conforme já mencionado no capítulo anterior, essas medidas nos mostram a existência (ou não) de correlação entre a variável dependente e a variável explicativa, mas principalmente a força dessa correlação linear (AGRESTI et al., 2018, p. 133).

O *"r" (Pearson)* mede a correlação entre as variáveis e sempre fica entre **-1 e +1**, pois quanto mais próximo o valor de 1 em valor absoluto, mais forte é a associação linear (linha reta), porque os pontos de dados ficam mais próximos de uma linha reta de regressão, sendo o sinal positivo (+) a indicação de uma correlação direta (a variação de X provoca uma variação em Y no mesmo sentido) e o sinal negativo (-) a indicação de uma correlação inversa (a variação em X provoca uma variação em Y no sentido contrário). Valores próximos ou iguais a 0 (zero) indicam ausência de correlação ou uma correlação fraca entre as variáveis.

"r" (Pearson)	-1	0	1
Correlação	Forte e inversa	Fraca ou ausente	Forte e direta

Fonte: Elaboração dos autores para efeitos didáticos.

A já referida pesquisa realizada por Hartmann et al. (2017), ao testar a relação entre as variáveis televisionamento dos julgamentos do Supremo Tribunal Federal (X) e tempo de debates entre os ministros (Y), obteve um "r" (Pearson) no valor de **0,8**, o que indica uma forte correlação direta (próxima a 1) entre as duas variáveis.

UM PONTO IMPORTANTE A RECORDAR! O *"r" (Pearson)* mede a força da correlação sem, contudo, diferenciar qual é a variável dependente (resposta) e qual é a variável independente (explicativa).

Por sua vez, a medida *"r^2" (r-quadrado)* pode ser interpretada como **o percentual da variabilidade** na variável de resposta (Y) que pode ser explicado pela relação linear entre X e Y. Quanto mais forte a correlação, mais precisa se torna a equação de regressão: quanto maior o valor de *"r^2"* *(r-quadrado)*, mais precisas são nossas previsões resultantes da equação de regressão (AGRESTI et al., 2018, p. 148-149).

A correlação quadrada (r^2) é também chamada de coeficiente de determinação. Isto é, a proporção da variação em Y determinada ou explicada por X (LEVIN et al., 2014, p. 413).

Tal parâmetro é ajustado estatisticamente para variar entre **0 (zero) e 1 (um)**. Se o valor de *"r^2" (r-quadrado)* é **1 (um)**, significa que a variabilidade dos resultados estudados **pode ser explicada em 100% (cem por cento) dos casos** pela relação linear entre as variáveis. Por outro lado, se o valor de *"r^2" (r-quadrado)* é **0 (zero)**, significa que a variabilidade dos resultados estudados **não é explicada pela relação linear entre as variáveis**, equivalente a 0% (zero por cento) dos casos.

Todas as análises de regressão incluem essa estatística, embora, por tradição, ela seja escrita com uma letra maiúscula, R^2, e pronuncia-se "R ao quadrado". A correlação quadrada, r^2, dá a fração da variação dos dados contabilizada pelo modelo, e $1-r^2$ é a fração da variação original deixada nos resíduos (DE VEAUX, 2016, p. 210).

"r^2" (r-quadrado)	0,000 (0%)	1,000 (100%)
Poder explicativo da variabilidade dos resultados para os casos estudados	A regressão não explica a variabilidade dos resultados para nenhum dos casos estudados	A regressão explica a variabilidade dos resultados para todos os casos estudados

Fonte: Elaboração dos autores para efeitos didáticos.

Ainda no que diz respeito à pesquisa realizada por Hartmann et al. (2017), a relação entre as variáveis televisionamento dos julgamentos do Supremo Tribunal Federal (X) e tempo de debates entre os ministros (Y) obteve um valor de *"r^2" (r-quadrado)* equivalente a **0,295**, o que significa que o modelo de regressão explicou a variabilidade dos resultados para aproximadamente 30% dos casos componentes da amostra estudada, exatamente nos quais tal relação foi encontrada. Noutro trabalho, Sátiro e Sousa (2021) aplicaram um modelo de regressão para avaliar o impacto de diversas variáveis explicativas na variação dos índices de produtividade dos Tribunais de Justiça e seu modelo foi capaz de explicar a variação da variável dependente (produtividade) em 83,88% (**r^2=0,8388**) dos casos que faziam parte da amostra estudada.

UM PONTO IMPORTANTE A RECORDAR! O "r^2" *(r-quadrado)* mede o percentual explicativo da variabilidade dos resultados obtidos pela análise a partir da linha de regressão, diferenciando qual é a variável dependente (resposta) e qual é a variável independente (explicativa).

7
Quais as chances?
Análise por regressão logística (logit)

> *A regressão logística atinge os mesmos objetivos com variáveis dependentes dicotômicas que a regressão linear múltipla faz para resultados em nível intervalar [quantitativo]* (LEVIN et al., 2014, p. 431).

Em que situações há maior ou menor probabilidade de sucesso dos atores legitimados ativos na obtenção de liminar em determinada ação do controle concentrado de constitucionalidade proposta no Supremo Tribunal Federal (STF)? Pessoas negras têm menores chances de obter a concessão de *habeas corpus?* Fatores extralegais são considerados para o deferimento do benefício da justiça gratuita? Esse tipo de questão de pesquisa pressupõe a realização de teste estatístico para medir o grau de associação entre a existência de diversos fatores (variáveis preferencialmente qualitativas nominais) e a probabilidade de ocorrer (ou não) determinado fenômeno.

Em situações desta natureza, em que são relacionadas variáveis categóricas explicativas e a sua influência sobre resultados binários (por exemplo, em processos decisórios, cujos estudos são centrais no campo jurídico), o instrumental estatístico adequado é a **análise por regressão logística (logit).**

A análise de dados por regressão logística – ou simplesmente logit – é apresentada como uma ferramenta adequada e relevante para a compreensão de certos fenômenos sociais: quando se trata do estudo da relação entre variáveis categóricas por essência (como é o caso de quase todas as variáveis passíveis de extração e de codificação a partir da legislação, da jurisprudência, enfim, das instituições jurídicas e judiciais, de modo geral) e um resultado dicotômico (também chamado discreto na terminologia usual da ciência estatística), seja ele sucesso ou insucesso, deferido ou indeferido, julgado ou não julgado (GOMES NETO et. al., 2018, p. 216).

Essa espécie de regressão é utilizada em estudos cuja variável resposta (dependente) for uma variável categórica dicotômica (binária ou discreta), ou seja, quando as respostas de interesse assumem os valores (0) ou (1) para cada caso analisado, sendo comum nas análises o (1) considerado "sucesso" e o (0) considerado "fracasso". Portanto, o primeiro passo é identificar no problema de pesquisa a variável resposta (dependente), que será categorizada em (0) ou (1). Em sucessivo, é fundamental a identificação das variáveis explicativas (independentes) e sua natureza, para o devido preenchimento da matriz, comumente denominada de "planilha"[15].

> Mas o que o pesquisador social deve fazer ao prever variáveis categóricas – especialmente as dicotômicas – como se alguém apoia ou se opõe à legalização do casamento gay, qual dos dois principais candidatos do partido levará vários estados em uma eleição presidencial, ou se os respondentes da pesquisa relataram possuir uma arma. Embora esses tipos de variáveis possam ser usados como preditores de variáveis fictícias, se esse fosse o objetivo da pesquisa, haveria problemas em usá--los como variáveis dependentes na regressão linear (LEVIN et al., 2014, p. 428).

Uma análise por regressão logística identifica se um determinado regressor (variável independente, X) produz efeitos significativos (ou não) sobre a variável dependente binária (Y) – isto é, sobre a chance de ocorrer o evento pesquisado –, devendo ser interpretada em termos de grau de probabilidade de ocorrência do fato, a partir do modelo pesquisado (CERVI, 2019, p. 194).

> Frequentemente, deseja-se estudar como um conjunto de variáveis preditoras X está relacionado a uma variável de resposta dicotômica Y. Os preditores podem descrever quantidades como atribuição de tratamento, dosagem, fatores de risco e tempo de calendário (HARREL JUNIOR, 2015, p. 219).

---

15. Para a análise por regressão logística, as variáveis explicativas (X) podem ser de natureza quantitativa discreta, quantitativa contínua ou de natureza qualitativa nominal. A natureza dessas variáveis foi trabalhada no capítulo 3.

Técnica de análise	Variável dependente	Variável independente	Variável interveniente
Análise por regressão logística (logit)	Qualitativa nominal binária (0/1)	Quantitativa contínua, qualitativa ordinal ou qualitativa nominal	Preferencialmente qualitativa nominal

Fonte: Elaboração dos autores para efeitos didáticos.

Em uma regressão binária logística, enfim, busca-se "[...] identificar se um preditor individual apresenta efeito significativo ou não na mudança da variável dependente", no que pertine à suposta variação nas respectivas chances (CERVI, 2019, p. 193).

Por exemplo, ao utilizar um modelo de regressão logit para explicar os fatores sociojurídicos que influenciam a aplicação da medida socioeducativa ao adolescente autor de ato infracional, Cunha e Silva (2008) testaram um modelo logit que leva em consideração as variáveis gênero, lugar de residência, reincidência e ato infracional, como categorias explicativas do comportamento dos juízes na aplicação, ou não, da medida socioeducativa ao adolescente que cometeu ato infracional, confirmando-se a hipótese de que "a medida aplicada ao adolescente autor de ato infracional é influenciada por suas características sociodemográficas".

Noutro estudo, Fernandez et al. (2021) utilizaram análise por regressão logística para estudar o comportamento decisório individual dos desembargadores do Tribunal de Justiça do Estado de Pernambuco (TJPE) em matéria de políticas públicas de saúde, testando possíveis associações entre informações relacionadas às trajetórias de vida dos desembargadores e as chances de se obter decisões judiciais contrárias aos interesses da Administração Pública.

Ainda, Gomes Neto e Carvalho (2021) fizeram uso dessa técnica (logit) para compreender o comportamento decisório dos ministros do Supremo Tribunal Federal (STF), quando do julgamento das ações penais de sua competência originária por prerrogativa de função (o chamado "foro privilegiado"), realizando testes em relação à existência de associações entre diversos fatores e as chances de julgamento (condenação ou absolvição), assim como de outros resultados possíveis (prescrição, realocação de instância, aguardando julgamento etc.).

Após submeter seu conjunto de dados (variáveis qualitativas) à análise por regressão logística (logit) se obterá como resultado **o seguinte conjunto de informações**, cuja interpretação conjunta fornecerá os elementos necessários para entender a suposta correlação entre as variáveis objeto da pesquisa:

B	Razões de chance (*Odds Ratio*, O.R. ou Exp B)	p-valor

Fonte: Elaboração dos autores para efeitos didáticos.

B (logit)

O coeficiente (*estimate*) de regressão logística binária (**B**) é interpretado como sendo a medida da mudança na variável dependente (Y) quando associada à mudança em 1(um) ponto no valor da variável independente (explicativa, regressora ou X), numa relação não linear. Entretanto, sua principal contribuição para o entendimento da relação entre as variáveis é **apontar a direção da associação a ser testada**, conforme o sinal apontado no coeficiente para cada variável independente (MENARD, 2002, p. 48).

> [...] em um modelo baseado em uma análise logit binária, se o resultado estatístico encontrado tiver sinal positivo (+), significa que a variável explicativa (independente) está associada ao aumento das chances de a primeira alternativa (1) ocorrer; por outro lado, se o resultado obtido tiver sinal negativo (-), a respectiva variável explicativa estaria associada à diminuição das chances do evento (1) ocorrer; destarte, se o resultado obtido for muito próximo a 0 (zero), significa ausência de associação ou uma associação muito baixa, sem qualquer interferência nas chances de ocorrer o evento sob predição no modelo (GOMES NETO et al., 2018, p. 217).

O sinal (+ ou -) de *B*, no modelo de regressão logística (logit), nos diz se a probabilidade (p) de ser verificado o evento estudado aumenta ou diminui à medida que o valor de x (variável explicativa ou regressora) aumenta (AGRESTI et al., 2018, p. 683).

> Um coeficiente com sinal positivo mostra que o impacto é favorável à mudança de categoria da variável dependente. Já um coeficiente com sinal negativo indica que a relação é desfavorável, ou seja, aquela variável independente contribui negativamente para o efeito esperado (CERVI, 2019, p. 196).

B	-	0,000	+
Efeito sobre as chances	Presença do regressor diminui as chances	Presença do regressor não afeta as chances	Presença do regressor aumenta as chances

Fonte: Elaboração dos autores para efeitos didáticos.

Razões de chance (O.R., Odds Ratio ou Exp B)

A regressão logística apresenta seus resultados (quanto à ocorrência do evento pesquisado) em termos de **chances**: em vez de probabilidades, emprega **razões de chance**, nas quais as chances de um evento ocorrer são calculadas, a partir das informações colhidas nos regressores (variáveis explicativas, X), pela razão (quociente) entre a probabilidade de que ele ocorra e a probabilidade de que não ocorra (TRIOLA, 2015, p. 138).

> [O] modelo logístico quantifica o efeito de um preditor em termos de razões de chance [Exp B, *odds ratio* ou log *odds ratio*]. Uma razão de chances é uma descrição natural de um efeito em um modelo de probabilidade, uma vez que uma razão de chances pode ser constante (HARREL JUNIOR, 2015, p. 224).

As razões de chance (exponencial de B, Exp B ou O.R.) são apresentadas em números absolutos, **variando de zero ao infinito**, indicando as alterações nas chances de ocorrer o resultado predito na presença da variável regressora. Por exemplo, se obtidas razões de chance (O.R.) no valor de **0,487** significa que, na presença daquela variável explicativa (X), as chances de ocorrer o resultado seriam alteradas em aproximadamente 49% (quarenta e nove por cento), para mais ou para menos (+ ou -), conforme interpretação conjunta do sinal obtido anteriormente no *B (logit)*.

O.R. *(Exp B)*	0,000	0,500	1,000
Alteração nas chances do resultado	Presença do regressor não altera as chances	Presença do regressor altera as chances em meia vez (50%)	Presença do regressor altera as chances em uma vez (100%)

Fonte: Elaboração dos autores para efeitos didáticos.

No artigo de Fernandez et al. (2021), que usou análise por regressão logística para estudar o comportamento decisório individual dos desembargadores do TJPE em matéria de políticas públicas de saúde, foi descoberta uma associação entre aqueles julgadores que exerceram **atividade político-partidária anterior** ao provimento no cargo e a redução nas chances de uma decisão procedente em 71,5% (**O.R. -0,715**), isto é, se a decisão sobre a questão de saúde pública recair em desembargador com aquela característica prévia, há 71,5% menos chances de uma decisão contrária à Administração Pública, em comparação com os demais integrantes do tribunal.

Gomes Neto e Carvalho (2021), por sua vez, estudando como o STF se comporta diante das ações penais originárias (foro por prerrogativa de função, também chamado foro privilegiado), por meio de análise por regressão logística, identificaram que os **crimes eleitorais** são aqueles que têm as **maiores chances de condenação (O.R. +11,444)**, aumentando as chances desse resultado em aproximadamente 11,5 vezes (1,150%), em comparação com outros delitos objetos de denúncia submetida à referida competência originária.

p-valor (logit)

Voltamos a falar sobre um conceito quantitativo fundamental: a significância estatística. No contexto da análise por regressão logística, a significância estatística (p-valor) representa a capacidade de cada variável testada afastar a hipótese nula, isto é, permitir inferências corretas sobre a variação nas chances a partir das variáveis pesquisadas na amostra em relação à população, a partir da distribuição dos casos ao longo da amostra. Em Ciências Sociais e Sociais Aplicadas, adota-se como padrão o conjunto de valores entre **0,000** (significante para 100%) e **0,050** (significante para 95%) para que se possa indicar a significância alta dos resultados de uma variável em relação à distribuição dos dados da amostra.

Significância estatística[16]	p-valor
Alta	0,000 a 0,010
Marginal	0,011 a 0,050
Baixa	0,051 a 0,100
Ausente	0,100 a 1,100

Fonte: Elaboração dos autores com base em Figueiredo Filho et al. (2013).

Independentemente dos valores obtidos para os coeficientes, dizer que determinada variável se mostrou (ou não) estatisticamente significante não tem qualquer relação com a qualidade da pesquisa realizada. Tal parâmetro estatístico nos informa, a partir (1) da quantidade de vezes que o dado se apresenta nos casos componentes da amostra e (2) da forma como está o dado distribuído ao longo desta amostra, se há (ou não) informação suficiente para que se possa produzir inferências estatísticas sobre o todo.

O p-valor nos indica se os resultados da análise de regressão linear realizada na amostra são aptos a produzir inferências sobre as correlações entre as variáveis testadas em relação ao todo (população). Como já mencionado no capítulo 2, variáveis sem significância ou com significância marginal podem apontar tendências ou *insights* a serem testados por meio de outras novas amostras aleatoriamente colhidas. Do mesmo modo, este parâmetro torna-se irrelevante para pesquisas censitárias, ou seja, naquelas envolvendo a população inteira dos casos.

---

16. Tais parâmetros, originalmente extraídos das Ciências da Saúde e das Ciências Exatas, foram pensados a partir da ideia de universos e amostras muito grandes. Em universos reduzidos (e respectivamente suas amostras), tais parâmetros perdem poder explicativo e precisam ser observados conforme as características específicas do objeto.

8
O tempo, o tempo não para
Análise de sobrevida (sobrevivência)

A análise de sobrevivência é uma forma de descrever quanto tempo as coisas duram (DOWNEY, 2015, p. 165).

Todos nós já lemos em nossos manuais preferidos de Direito processual civil que este ou aquele instituto (originário em iniciativa de reforma ou em nova legislação) seria capaz de trazer maior **celeridade** ao processo. Infelizmente, quase sempre, tais afirmações carecem de confirmação empírica, sendo produto de argumentos de autoridade ou de expectativas fundadas na muito frequente ideia de que sempre se reforma para melhor.

Para perguntas de pesquisa cuja variável explicativa trata da variação no tempo (evento) a partir da presença de fatores a serem testados, o instrumento de pesquisa adequado é **análise de sobrevida (sobrevivência)**. Surgida nas Ciências Biológicas e da Saúde, essa técnica quantitativa é utilizada para estudar, por exemplo, a influência de variáveis sobre o tempo de vida de organismos unicelulares ou o tempo de resiliência de pacientes com câncer que tomaram determinada medicação.

> É frequentemente usada para estudar vidas humanas, mas também se aplica à "sobrevivência" de componentes mecânicos e eletrônicos ou, mais geralmente, a intervalos de tempo antes de um evento. [...] O conceito fundamental na análise de sobrevivência é a curva de sobrevivência, S (t), que é uma função que mapeia de uma duração, t, à probabilidade de sobreviver mais que t (DOWNEY, 2015, p. 165).

Houve encurtamento na duração dos processos após determinada reforma do Direito processual? Alterações pontuais na lei de execuções penais produziram aumento ou diminuição do tempo de reclusão em regime fechado? A natureza do empreendimento afeta o tempo que se leva para abrir uma empresa no Brasil? Quais providências são eficientes para reduzir o tempo de tramitação dos inventários nas varas de sucessões? São todas relevantes perguntas de pesquisa quantitativas para as quais a análise de sobrevida se apresenta como ferramenta adequada, pois tratam de entender as variações no tempo necessário a um evento acontecer.

Técnica de análise	Variável dependente	Variável independente	Variável interveniente
Análise de sobrevivência (sobrevida)	Quantitativa contínua (tempo de evento)	De preferência qualitativa	Não se aplica

Fonte: Elaboração dos autores para efeitos didáticos.

> A análise de sobrevivência pode ser definida como um grupo de métodos estatísticos, que são usados para análise e interpretação dos dados de sobrevivência. Também é conhecido por ser uma técnica para dados de "tempo até o evento" ou "dados de tempo de falha". A análise de sobrevivência tem aplicações nas áreas de seguros, ciências sociais e, principalmente, em ensaios clínicos (SINGH, 2007, p. 222).

Busca-se medir, em todos os casos da amostra ou da população, o tempo registrado até a ocorrência do evento, de modo a poder retratar os cenários de maior e de menor duração (sobrevivência ou sobrevida), bem como poder comparar a duração entre dois ou mais conjuntos de casos com características distintas.

> A análise de sobrevivência é usada para analisar dados nos quais o tempo até o evento é de interesse. A variável de resposta é o tempo até o evento e costuma ser chamada de tempo de falha, tempo de sobrevivência ou tempo de evento. [...] A resposta, tempo do evento, geralmente é contínua, mas a análise de sobrevivência permite que a resposta seja determinada de forma incompleta para alguns sujeitos (HARREL JUNIOR, 2015, p. 309).

Trata-se de uma derivação da técnica de análise de regressão que se adapta para medir e interpretar **o tempo até o evento** como relevante unidade de análise do fenômeno a ser quantitativamente analisado, uma vez que este fenômeno é um "[...] processo dinâmico que traz desafios na formulação de um modelo que não está presente em cenários onde um modelo típico de regressão linear ou logística possa ser aplicado" (HOSMER et al., 2008, p. 2). Nesse sentido, os modelos tradicionais de regressão passaram por uma adaptação técnica para dar conta deste específico objeto de pesquisa.

Técnicas estatísticas utilizadas na análise clássica e na análise de sobrevivência	Análise "clássica"	Análise de sobrevida
Medidas de associação	Razões de chance (Odds Ratio)	Risco relativo, razões de risco (Hazard Ratio)
Apresentação de resultados	Tabela, gráfico de barras, histograma	Tabela de sobrevida, curva de Kaplan--Meyer
Testes de significância para comparar grupos em análise univariada	Teste t-student, ANOVA, Kruskal Wallis, Teste X^2	Logrank Test
Testes de significância para comparar grupos em análise multivariada	Regressão multivariada	Regressão de Cox

Fonte: Botelho et al. (2009, p. 34).

Tais técnicas, que juntas compõem a análise de sobrevida, nos permitem investigar quantitativamente a suposta relação entre as variáveis trabalhadas no modelo e o tempo de evento, bem como suas respectivas características. A seguir, vamos aprofundar cada uma delas.

Razão de risco (hazard ratio ou risco relativo)

A primeira destas técnicas componentes da análise de sobrevivência é a **razão de risco**. Extraída dos modelos estatísticos da análise por regressão logística e adaptada à compreensão do **tempo até o evento** como fenômeno de estudo, a razão de risco nos traz uma relevante medida sobre o risco de ocorrer o término do prazo até o evento (aumento ou diminuição do tempo de duração).

> A razão de risco desempenha o mesmo papel na interpretação e explicação dos resultados da regressão de risco proporcional [análise de sobrevivência] que a razão de chance desempenha em uma regressão logística (HOSMER et al., 2008, p. 93).

Fenômenos variam quanto ao seu tempo de duração, conforme varia a presença de determinados fatores: a razão de risco nos oferece uma medida capaz de resumir o quanto o fator impacta no risco de duração (maior ou menor) no tempo até o evento.

> A forma da razão de risco é idêntica à forma da razão de chances a partir de um modelo de regressão logística para uma covariável dicotômica. No entanto, no contexto de um modelo de risco proporcional, é uma razão de taxas e não de probabilidades. [...] Assim, a razão de risco é uma medida comparativa da experiência de sobrevivência ao longo de todo o período de tempo, enquanto a razão de chance é uma medida comparativa da ocorrência do evento no desfecho do estudo (HOSMER et al., 2008, p. 94).

Quais fatores impactam na maior ou menor espera até a progressão de regime da pessoa submetida à pena de reclusão? Quais os temas que impactam numa maior ou menor espera quanto ao tempo de análise de um pedido de tutela de urgência (liminar)? As razões de risco destes modelos de pesquisa mostram a medida da associação entre a variação no tempo até o evento e a presença destes fatores.

A partir de dados extraídos da curva de sobrevivência, compara-se a duração do tempo até o evento entre dois grupos, seja um grupo com a incidência da variável (X) e outro sem a incidência desta, seja um grupo com a incidência de uma variável (X1) e outro grupo com a incidência de outra (X2). O resultado da razão de risco é fornecido em **números absolutos**, indicando o quanto o tempo até o evento muda na presença da variável que se pretende comparar.

> HR [*hazard ratio*] compara, portanto, a incidência instantânea com que os eventos ocorrem nos diferentes grupos (BOTELHO et al., 2009, p. 36).

Exemplificativamente, se o valor da razão de risco for **1,0**, significa que o tempo até o evento é o mesmo nos dois grupos, mantendo-se inalterado pela presença da variável; se o valor da razão de risco for **2,0**, significa que o tempo até o evento será o dobro daquele verificado no outro grupo; se o valor for **0,5**, significa que o tempo até o evento num grupo será a metade do tempo verificado no outro.

Desta forma, sabemos que:

- na presença de valores maiores que 1 (um) a sobrevivência aumenta;
- na presença de valores menores que 1 (um) a sobrevivência diminui;
- e na presença de valores iguais a 1 (um) a sobrevivência não se altera.

Valores	<1 (menor que um)	= 1 (igual a um)	>1 (maior que um)
Razão de risco	O tempo de sobrevivência diminui	O tempo de sobrevivência não se altera	O tempo de sobrevivência aumenta

Fonte: Elaboração dos autores para efeitos didáticos.

Numa pesquisa jurídica quantitativa hipotética sobre os efeitos de uma reforma processual em relação ao tempo de duração dos processos, uma análise de sobrevivência, comparando grupos amostrais de processos anteriores e posteriores à reforma legislativa, teria obtido uma razão de risco no valor de **0,8044**, significando que o tempo de duração dos processos teria diminuído em 80% no grupo de processos posteriores à reforma em comparação ao grupo de controle.

Mariana Dionísio de Andrade (2018) utilizou a técnica de análise de sobrevida para identificar os fatores que influenciaram na variação do tempo de permanência no cargo dos secretários de estado, no Estado de Pernambuco, entre os anos de 1990 e 2006. Em sua pesquisa identificou que, na Secretaria de Administração, o risco relativo associado a gênero tinha o valor de **1,4319**, pelo que identificou que um secretário do gênero feminino tem **43,19%** mais chance de não ser exonerado do cargo do que um do sexo masculino. Lido de outra maneira, o tempo até a exoneração aumenta em 43,19% quando a pessoa que ocupava a secretaria era do gênero feminino.

Por outro lado, também no que diz respeito à Secretaria de Administração, sua pesquisa obteve um risco relativo associado a alinhamento político no valor de **1,4290**, pelo que um secretário que tem alinhamento político com o governador do seu estado tem **42,90%** mais chance de permanecer no cargo do que um que não tenha esse alinhamento. Assim, o alinhamento político com o governador garantia aos que se enquadravam naquele grupo um tempo de permanência maior até a exoneração, à razão de 42,90%.

Tabela de sobrevida (tabela de sobrevivência, *survival table* ou *life table*)

A tabela de sobrevivência é uma tabela descritiva (frequências) que detalha o tempo até que ocorra o evento objeto da pesquisa, sendo dividida por nível de tempo (Y) e por cada grupo componente da observação (X), que ocupa sua própria linha na tabela.

> No caso de estudos de sobrevivência, as tabelas de vida são construídas dividindo o tempo em intervalos geralmente iguais e, em seguida, contando para cada intervalo de tempo: o número de indivíduos vivos no início do intervalo, o número dos que morrem durante o intervalo e o número que são perda de seguimento ou retirada no intervalo (SINGH, 2007, p. 227).

No exemplo abaixo, tem-se a construção de uma tabela de sobrevivência:

Duration of Judge Deliberation, Distribution by Days			
Duration (in days)	Frequency	Percent	Cumulative percent
3	1	0,17	0,17
7	4	0,67	0,84
8	2	0,34	1,17
14	15	2,52	3,69
15	11	1,85	5,54
16	2	0,34	5,87
18	1	0,17	6,04
19	1	0,17	6,21
21	33	5,54	11,74
22	22	3,69	15,44
23	3	0,50	15,94
24	2	0,34	16,28
25	5	0,84	17,11
26	7	1,17	18,29
27	6	1,01	19,30
28	296	49,66	68,96
29	105	17,62	86,58

30	11	1,85	88,42
31	3	0,50	88,93
32	2	0,34	89,26
34	1	0,17	89,43
35	13	2,18	91,61
36	7	1,17	92,79
37	2	0,34	93,12
42	3	0,50	93,62
43	2	0,34	93,96
49	3	0,50	94,46
50	1	0,17	94,63
52	1	0,17	94,80
56	1	0,17	94,97
59	1	0,17	95,13
64	1	0,17	95,30
77	2	0,34	95,64
78	2	0,34	95,97
79	1	0,17	96,14
81	1	0,17	96,31
84	2	0,34	96,64
85	2	0,34	96,98
86	1	0,17	97,15
91	8	1,34	98,49
92	5	0,84	99,33
93	1	0,17	99,50
96	1	0,17	99,66
99	2	0,34	100,00

Notes: The table presents the distribution of duration times (in days) for 596 cases, all resolved via trial-based verdict, which are part of the estimating sample for the results reported in Tables 4 and 5.

Fonte: Bielen et al. (2016).

Bielen et al. (2016) empregaram a análise de sobrevivência para estudar o tempo que os juízes belgas levavam para decidir os processos e descobriram que a duração da deliberação judicial variava não apenas com base nas medidas de complexidade do caso, mas também em relação às medidas das características do juiz e da parte litigante.

Nesse trabalho acima referido, a técnica da tabela de sobrevida foi usada para resumir e explicar a distribuição dos casos componentes da amostra, conforme o tempo até a deliberação dos juízes em cada caso, havendo uma grande concentração de casos em que o tempo até a decisão esteve entre **28 e 29 dias**.

Curva de Kaplan-Meier

Como comparar graficamente dois grupos em relação aos efeitos de uma variável sobre o tempo até o evento? A técnica adequada é a **curva de Kaplan-Meier**. A partir dos dados acerca do tempo de sobrevivência extraídos dos casos integrantes da amostra ou da população é construída pelo aplicativo de análise estatística uma eficiente representação gráfica da variação na probabilidade de sobrevivência.

> Os estimadores da curva de Kaplan-Meier têm o nome dos criadores desta técnica que estima a probabilidade de sobrevivência, em diferentes condições e em diferentes intervalos de tempo, com um gráfico que ilustra a probabilidade ao longo do tempo. As análises de [...] sobrevivência são excelentes para avaliar resultados e ajudar a tomar [...] decisões antecipando progressões. Essas análises podem ser aplicadas em estudos longitudinais comparativos [...] (LIRA et al., 2020, p. V).

Os comprimentos das linhas horizontais (eixo X), ao longo da série temporal, representam a duração da sobrevivência para esse intervalo: o intervalo é encerrado com a ocorrência do evento e as distâncias verticais entre as linhas horizontais são importantes porque ilustram a mudança na probabilidade cumulativa à medida que a curva avança (RICH et al., 2010).

Figure 2: Kaplan-Meier survival estimate for announcement of verdict

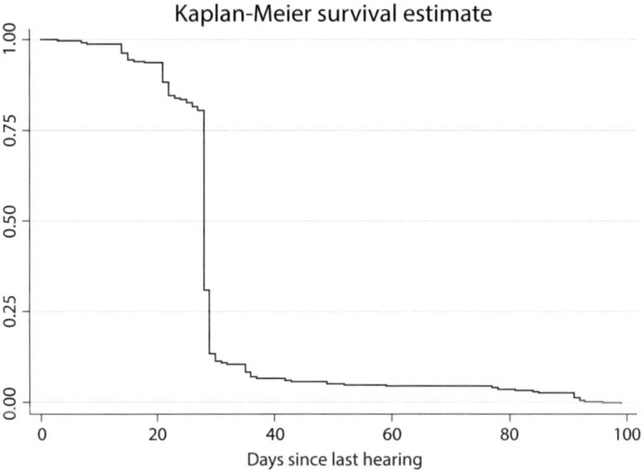

Kaplan-Meier survival estimate

Fonte: Bielen et al. (2016).

O gráfico (curva) de Kaplan-Meier pode ser interpretado da seguinte forma:

• O eixo horizontal (X) representa o tempo em dias e o eixo vertical (Y) mostra a probabilidade de sobrevivência ou a proporção de pessoas sobreviventes.

• As linhas representam as curvas de sobrevivência dos dois grupos.

• Uma queda vertical das curvas indica um evento.

• Em análise comparativa entre casos, curvas muito próximas ou com pontos de interseção significam ausência de efeito da variável sobre a variação do tempo até o evento.

A curva de Kaplan-Meier, em suma, é empregada para estimar a probabilidade de sobrevida (tempo até o evento) em vários intervalos de tempo e para ilustrar graficamente a sobrevida ao longo do período objeto do estudo.

Log-rank test

E qual a significância dos resultados (sobre a probabilidade do tempo até o evento) obtidos por meio da submissão da amostra à análise de sobrevida? Na adaptação dos modelos de regressão para o estudo do tempo até o evento, o *Log-rank test* assume o papel antes desempenhado pelo p-valor para aferir a significância estatística de cada variável.

Se houver um único preditor binário no modelo que descreve dois grupos, o teste de pontuação para avaliar a importância do preditor binário é virtualmente idêntico ao teste de Log-rank de Mantel-Haenszel para comparar os dois grupos. Se a análise foi estratificada para outros fatores (não modelados), o teste de pontuação de um modelo Cox estratificado é equivalente ao teste log-rank estratificado correspondente (HARREL JUNIOR, 2015, p. 486).

E como interpretar os resultados do teste de Log-rank?

O teste de log-rank é um teste de hipótese estatística que testa a hipótese nula de que as curvas de sobrevivência de duas populações não diferem. Uma certa distribuição de probabilidade, ou seja, uma distribuição qui-quadrada, pode ser usada para derivar um valor p. Resumidamente, os valores de p são usados em testes de hipóteses estatísticas para quantificar a significância estatística. Um resultado com $p < 0,05$ é geralmente considerado significativo. Em nosso caso, $p < 0,05$ indicaria que os dois grupos de tratamento são significativamente diferentes em termos de sobrevivência (SCHÜTTE, 2019).

Como visto, o teste de Log-rank produz artificialmente um p-valor adaptado à interpretação dos dados componentes da curva de sobrevivência que está sendo analisada. Dessa forma, sua interpretação é exatamente igual àquela realizada num p-valor de uma variável submetida a uma regressão linear ou logística. Se o valor obtido do Log-rank foi, por exemplo, **0,040**, pode-se afirmar que, na análise de sobrevivência realizada pelo pesquisador, a referida variável é significante para 96% dos casos integrantes da amostra.

Significância estatística[17]	Log-rank (p-valor)
Alta	0,000 a 0,010
Marginal	0,011 a 0,050
Baixa	0,051 a 0,100
Ausente	0,100 a 1,100

Fonte: Elaboração dos autores com base em Figueiredo Filho et al. (2013).

---

17. Tais parâmetros, originalmente extraídos das Ciências da Saúde e das Ciências Exatas, foram pensados a partir da ideia de universos e amostras muito grandes. Em universos reduzidos (e respectivamente suas amostras) tais parâmetros perdem poder explicativo e precisam ser observados conforme as características específicas do objeto.

Em Ciências Sociais e Sociais Aplicadas adota-se como padrão o conjunto de valores entre **0,000** (significante para 100%) e **0,050** (significante para 95%) para se poder indicar a significância alta dos resultados de uma variável em relação à distribuição dos dados da amostra.

Na pesquisa realizada por Bielen et al. (2016) sobre o tempo de deliberação dos juízes belgas a variável **identidade da parte** exibe um efeito estatisticamente significativo no perigo do veredicto: a deliberação judicial é mais longa para os casos em que pelo menos uma das partes é uma pessoa jurídica (*Log-rank* 0,050) ou entidade governamental (*Log-rank* 0,010).

Censura

Uma interessante vantagem da análise de sobrevivência é a possibilidade de incluir entre os casos analisados séries de tempo que tenham se iniciado em momento anterior à pesquisa, assim como séries temporais cujo evento ainda não tenha ocorrido à data do encerramento da pesquisa. Isso se dá por meio de uma técnica específica chamada **censura**.

> Crucial para isso é a compreensão da natureza dos dados "incompletos" ou "censurados" encontrados. Compreender o mecanismo de censura é importante, pois pode influenciar a seleção e interpretação do modelo. No entanto, uma vez compreendida e considerada, a censura é frequentemente apenas outro detalhe técnico tratado pelo software de computador, permitindo a ênfase no retorno à construção do modelo, avaliação do ajuste do modelo e suposições e interpretação dos resultados (HOSMER et al., 2008, p. xi).

Por meio dela, informa-se ao aplicativo responsável por realizar a regressão estatística dos dados a presença de uma das situações descritas:

• Quando o tempo até o evento já existia em momento anterior à pesquisa (conhecido ou não) utiliza-se a chamada **censura à esquerda**, pela qual a análise (artificialmente) irá considerar como iniciado o período na data (pré-definida) para o começo da pesquisa;

• Por sua vez, quando se sabe que o tempo até o evento não terminou ainda naquele caso, considera-se como ocorrido o evento na data (pré-definida) para encerramento da pesquisa, naquilo que se convencionou chamar **censura à direita**.

A forma mais comumente encontrada de observação censurada é aquela em que a observação começa no tempo definido f = 0 e termina antes que o resultado de interesse seja observado. Como a natureza incompleta da observação ocorre na cauda direita do eixo do tempo, essas observações são consideradas censuradas pela direita. [...] Outro mecanismo de censura que às vezes ocorre na prática é a censura à esquerda. Uma observação é deixada censurada se o evento de interesse já ocorreu quando a observação começa (HOSMER et al., 2008, p. 8).

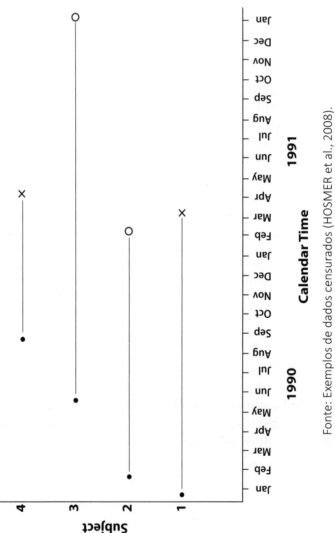

Fonte: Exemplos de dados censurados (HOSMER et al., 2008).

IMPORTANTE LEMBRAR! A técnica da censura, em análise de sobrevida, permite a inclusão válida no seu estudo quantitativo de casos em que a contagem do tempo tenha se iniciado em tempo pretérito (desconhecido ou conhecido), bem como de casos cuja contagem de tempo foi iniciada dentro do período da pesquisa, mas ainda não tenha ocorrido o evento até a data do fechamento da pesquisa.

Dados censurados à esquerda	Dados não censurados	Dados censurados à direita
A contagem de tempo foi iniciada antes do início da pesquisa. A parte inicial do tempo até o evento não pôde ser contabilizada.	O início da contagem do tempo e a ocorrência do evento esperado estão compreendidos no período da pesquisa.	A contagem do tempo teve início durante o período da pesquisa, mas o evento ainda não tinha ocorrido. A parte final do tempo não foi contabilizada.

Fonte: Elaboração dos autores para efeitos didáticos.

Desta forma, a estrutura da regressão estatística da análise de sobre-vida é capaz de produzir inferências válidas sobre o tempo até o evento, artificialmente trabalhando como se os tempos até o evento (de todos os casos componentes da amostra) tivessem início e fim durante o período de tempo em que foi realizada efetivamente a pesquisa.

III
Parte especial (2)
Da coleta dos dados à
interpretação dos resultados

9
Codificação

Sobre matrizes e sobre o que fazer com os dados obtidos

Codificação é definida como o processo de conceituar dados de pesquisa e classificá-los em categorias significativas e relevantes para o propósito de análise e interpretação de dados. Um número é atribuído a cada categoria, em forma de código, por exemplo, no caso da variável sexo, o código 1 é atribuído a homens e o código 2 a mulheres (SINGH, 2007, p. 82).

Coleta de dados e preenchimento da matriz

Chegamos à parte prática deste manual. Todo o conhecimento teórico sobre pesquisa quantitativa construído nos últimos nove capítulos só nos serve se um dia formos executá-lo em nossas pesquisas jurídicas quantitativas. Portanto, a presente obra também cuidará de dar o direcionamento necessário a você, caro pesquisador, sobre como, de fato, realizar uma pesquisa quantitativa.

Ao chegar à execução da pesquisa, algumas coisas precisam estar bem delineadas para nós, notadamente que: a) temos um problema de pesquisa de natureza quantitativa; b) sabemos, dentre os diversos métodos estudados, qual o adequado para fornecer resposta ao problema; c) quais dados precisam ser coletados e onde podemos encontrá-los[18].

---

18. Normalmente, é isso que fazemos quando redigimos a seção de metodologia de um projeto de pesquisa. Se você está lendo este livro para se orientar na redação de um projeto/proposta de pesquisa, saiba que falar de metodologia é apresentar com clareza como a pesquisa será executada. Em seleções de mestrado e doutorado, saber fazer isso é um grande diferencial, pois é bastante comum que alunos das áreas de Ciências Sociais e Sociais Aplicadas sejam avessos a estudar métodos de pesquisa durante a graduação ou mesmo durante a preparação para um mestrado e, por isso, os projetos de pesquisa fiquem com uma defasagem de qualidade neste ponto específico.

De posse dessas informações, partimos às etapas que serão objeto deste e do próximo capítulo.

Como vem sendo exaustivamente trabalhado neste manual, os dados são as informações que o pesquisador precisa extrair dos casos que está observando. Essas informações serão coletadas, tratadas e interpretadas de modo a fornecer a resposta ao problema de pesquisa. Quando se estuda se é mais provável que o magistrado conceda uma liminar em matéria de saúde do que em outros casos (telefonia, fornecimento de energia elétrica, locação residencial etc.); o pesquisador, ao se debruçar sobre os processos em que houve pedido liminar, aguçará sua atenção sobre os aspectos estritamente necessários ao problema: tema da ação e julgamento do pedido.

Vale recordar que, como já dito no primeiro capítulo, o termo "caso" deve ser entendido em sentido amplo, não restringindo ao que se entende costumeiramente na seara jurídica (caso como situação alvo de judicialização, produto de jurisprudência ou conflito entre partes).

> Codificar é uma tarefa quase universal nos estudos jurídicos empíricos. Não importa se seus dados são quantitativos ou qualitativos, de onde vêm seus dados ou como planejam analisar as informações que coletaram, os pesquisadores que buscam fazer afirmações ou inferências com base em observações do mundo real devem codificar seus dados. E, no entanto, apesar do papel comum e fundamental que desempenha na pesquisa, a codificação normalmente recebe apenas uma breve menção na maioria dos volumes de pesquisa empírica; quase não recebeu atenção nos estudos jurídicos empíricos (EPSTEIN; MARTIN, 2010, p. 911).

À medida que o pesquisador analisa um caso e extrai as informações que precisa, ele vai fazer uma espécie de registro. Esse registro tem um procedimento específico, que visa atender a uma dupla finalidade: 1) salvar os dados que acabou de extrair, e 2) inserir esses dados em um ambiente que permita que sejam tratados e interpretados nas etapas seguintes da pesquisa. Esse ambiente é chamado de **matriz de dados**.

> Existem diferentes tratamentos para dados em pesquisas empíricas que utilizam técnicas de análises quantitativas, porém todos eles dependem de uma organização inicial das informações coletadas em campo, chamada matriz de dados. Na maioria das vezes, uma matriz de dados quantitativos é a forma de organizar as informações disponíveis das unidades pesquisadas em linhas e colunas (CERVI, 2017, p. 59).

Essa matriz é feita em uma planilha. Portanto, o pesquisador, à medida que coleta as informações, pode ir registrando em arquivos de aplicativos como o Microsoft Office Excel. Relembre a mesma matriz usada como exemplo disso no primeiro capítulo, quando falamos sobre "variáveis":

Casos	Y	X1	X2	X3
Processo 1	1	1	0	0
Processo 2	0	0	0	0
Processo 3	0	0	1	0
Processo 4	1	1	0	0
Processo n	1	0	0	1

Fonte: Elaboração dos autores para efeitos didáticos.

Sob o formato de uma tabela, a matriz expressa o cruzamento das informações dos casos (preenchidos nas linhas) com as variáveis dependente e independentes (preenchidos nas colunas). Essa é uma informação crucial: **casos nas linhas e variáveis nas colunas**. Isso porque é dessa forma que o programa utilizado pelo pesquisador para tratamento de dados – qualquer que seja – realiza os cálculos envolvendo as variáveis. Portanto, preenchida a matriz de modo diverso, os resultados não serão condizentes com a realidade que se pretende atingir.

Também é importante frisar que **se deve respeitar a ordem de disposição das variáveis**. Na primeira coluna, insere-se os dados referentes à variável dependente (Y) e, nos seguintes, os dados referentes às variáveis independentes (X). Assim, se o pesquisador inverter a ordem, constando primeiramente as variáveis independentes (ou alguma delas), ocorrerá erro de leitura no programa de tratamento dos dados.

Recomenda-se que o pesquisador utilize o Microsoft Excel ou outro programa de idêntica função para preenchimento da matriz e, quando ela estiver com todos os dados coletados, transfira essas informações à matriz que encontrará dentro do aplicativo de tratamento dos dados.

Transferência da matriz para o aplicativo de tratamento dos dados

Também no tópico sobre "variáveis" do primeiro capítulo, apresentamos uma gama de programas de tratamento de dados com licença gratuita (verificar a "lista exemplificativa de aplicativos gratuitos de análise estatística de dados" daquela seção). Em que pese algumas diferenças pontuais entre um e outro, o que têm em comum é que todos eles servem ao cruzamento dos dados preenchidos em planilha a fim de realizar inferências estatísticas com base nos métodos quantitativos tratados neste manual.

Para fins didáticos, selecionamos o aplicativo gratuito JASP, criado com apoio da Universidade de Amsterdã (Holanda), como ferramenta estatística modelo deste manual por ser de fácil acesso tanto para baixar como para manusear (mediante intuitiva interface gráfica), sendo a nossa recomendação especialmente aos que estão começando (e que também serve a quem já realiza pesquisa quantitativa, pois, como dito, detém as ferramentas necessárias à realização da maioria dos métodos ora abordados).

O JASP pode ser baixado gratuitamente para computadores em geral[19] no seu *site* oficial: https://jasp-stats.org/. Feito isso, o usuário realiza o procedimento padrão de instalação do *software* em seu computador.

Ambientando-se ao JASP

Instalado o programa, o usuário verá a seguinte tela inicial[20].

---

19. Há versões do aplicativo para os sistemas Windows (64 bits), Mac OS e Linux (via FlatHub). Ainda, existe uma versão on-line (paga) do aplicativo, acessível diretamente pelo navegador de internet e disponível no serviço rollApp (https://www.rollapp.com/launch/jasp).

20. Interface da versão 0.14.1.0.

Para criar a matriz dentro do programa, o primeiro passo é clicar no ícone das três listras, situado na parte superior esquerda da imagem anterior e, em seguida, selecionar a opção "abrir"/"open", como no recorte a seguir:

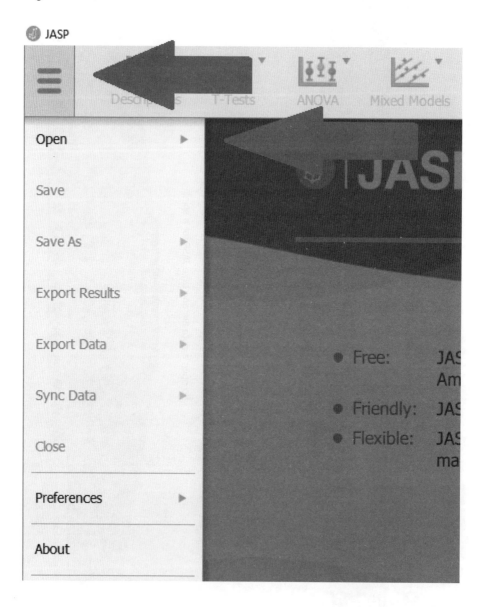

Em seguida, o pesquisador clicará em "Computador"/"Computer" e em seguida em "Procurar"/"Browse", para acessar, entre as pastas de seu computador, o arquivo no qual está salva a matriz. Acompanhe o exemplo:

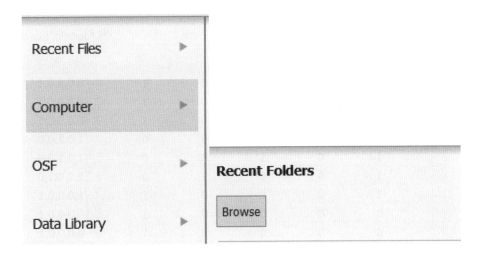

É importante registrar que o JASP não lê todo formato de arquivo. A bem da verdade, os formatos compatíveis são bem limitados e os mais comuns para o caso de planilhas de Excel, que são o (.xls) e o (.xlsx), não são suportados. A seguir, veja os formatos compatíveis:

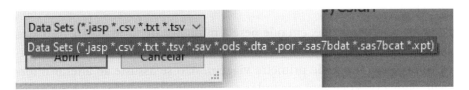

A praxe – que ora se recomenda – é salvar o arquivo no formato .csv – valor separado por vírgulas. Ao salvar a matriz nesse formato, o pesquisador encontrará o arquivo ao clicar na ferramenta de "Procura" e o selecionará para transferi-lo para a matriz do JASP.

O pesquisador deve atentar para o modo como deve estar preenchida a matriz dentro do programa do computador antes de transferir para o JASP. Ao registrar as informações coletadas no Microsoft Excel, ele pode nomear linhas e colunas livremente, bem como registrar informações à margem dos dados dispostos na matriz. Porém, no momento de transferir a matriz ao JASP, ela deve conter apenas os dados.

Ademais, quando se modifica o formato (exemplo: de .xlsx para .csv), a disposição dos dados também sofre uma modificação – diga-se de passagem, necessária à leitura dos dados pelo JASP. Veja-se a diferença da disposição de um formato para o outro, ainda no Excel:

1º Modelo: (.xlsx)

	A	B	C	D	E
1	0	0	0	0	1
2	0	0	0	0	1
3	0	0	0	0	1
4	1	0	1	0	0
5	1	0	1	0	0
6	1	0	0	1	0
7	1	0	0	0	1
8	0	0	0	0	1
9	0	0	0	0	1
10	1	1	0	0	0
11	1	1	0	0	0
12	1	0	1	0	0
13	0	0	0	0	1
14	0	0	0	0	1
15	0	1	0	0	0

2º Modelo: (.csv)

	A
1	0,0,0,0,1
2	0,0,0,0,1
3	0,0,0,0,1
4	1,0,1,0,0
5	1,0,1,0,0
6	1,0,0,1,0
7	1,0,0,0,1
8	0,0,0,0,1
9	0,0,0,0,1
10	1,1,0,0,0
11	1,1,0,0,0
12	1,0,1,0,0
13	0,0,0,0,1
14	0,0,0,0,1
15	0,1,0,0,0

É de se reparar que, em que pese a mudança de formatação, os dados são os mesmos para cada caso (linha) em ambas as matrizes[21]. Então, caro(a) pesquisador(a) de primeira viagem, não se assuste ao alterar o formato para .csv. Você verá que todos os dados ficarão retidos em uma única caixa. Está tudo bem, você está no caminho certo!

IMPORTANTE LEMBRAR! Antes de transferir a matriz ao JASP, escreva na primeira linha do que se trata as variáveis. Se isso não for feito – isto é, o pesquisador deixar dados na primeira linha –, o programa os transformará na coluna descritiva das variáveis. Em outras palavras: **Não os lerá**.

---

21. Não é demais lembrar que, na primeira coluna do exemplo da direita, A é a coluna da variável dependente (Y), enquanto B, C, D e E são colunas de variáveis independentes (X1 a X4).

160

Faça então como no exemplo abaixo:

	A	B	C	D	E	F	G	H	I
1	Designacao da audiencia, reu raro, reu eventual, reu contumaz, reu habitual
2	0,0,0,0,1
3	0,0,0,0,1
4	0,0,0,0,1
5	1,0,1,0,0
6	1,0,1,0,0
7	1,0,0,1,0
8	1,0,0,0,1
9	0,0,0,0,1
10	0,0,0,0,1
11	1,1,0,0,0
12	1,1,0,0,0
13	1,0,1,0,0
14	0,0,0,0,1
15	0,0,0,0,1

Primeira linha destinada a descrever as variáveis (separadas por vírgulas)

Ao selecionar o arquivo em .csv pronto para transferência ao JASP e efetivamente remetê-lo ao programa, assim fica a formatação:

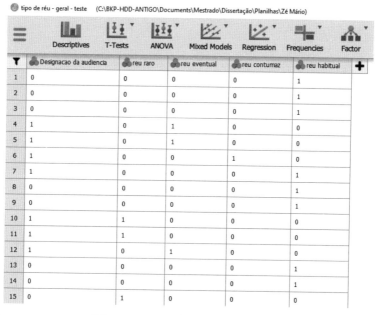

O passo a passo feito neste trecho é a base para preparar a matriz de dados para qualquer análise estatística estudada no presente manual. No próximo capítulo, aprofundaremos no uso das ferramentas do JASP para extrair as análises que nos proporcionarão as respostas a problemas de pesquisa hipotéticos, de natureza quantitativa, juridicamente relevantes.

10
O que nos disseram os dados?

Interpretando os resultados obtidos em casos hipotéticos

> *Projetar pesquisas, coletar e codificar dados, analisar dados e apresentar resultados representam as quatro principais tarefas da pesquisa jurídica empírica quantitativa [...]* (EPSTEIN; MARTIN, 2010, p. 923).

Imergindo na prática da pesquisa quantitativa, traremos, neste capítulo, alguns casos hipotéticos, questões e planilhas. A partir dos casos, convidamos o(a) leitor(a) para refletir conosco os seguintes tópicos:

- Qual o método aplicável para resolver as questões referentes a cada caso?
- Como inserir no JASP os dados coletados na planilha?
- Como interpretar as informações fornecidas pelo JASP?
- Como responder às perguntas específicas de cada caso, com base nas referidas interpretações?

Disponibilizamos todas as planilhas ao leitor em uma Pasta Pública do Google Drive – onde, com simples acesso/login compatível com o Google, qualquer pessoa pode acessar e baixar os documentos. O(A) leitor(a) verá que cada planilha está com o nome do respectivo caso.

Assim, o acesso à pasta com todas as planilhas – já em formato .csv – pode se dar pelo link: https://bit.ly/33WLSm1 ou pelo QR Code abaixo:

Para ter acesso à pasta via QR Code, aponte a câmera de qualquer *smartphone* para o código acima.
Fonte: Elaboração dos autores para efeitos didáticos.

Vamos, então, aos casos:

Caso 1 – Concessão de liminares na Vara de Fazenda Pública da Comarca de Sucupira e sua relação com o procedimento adotado

Neste primeiro caso, investigou-se a concessão de liminares na Vara da Fazenda Pública da Comarca de Sucupira e sua possível relação com o procedimento judicial adotado. Assim, tivemos quatro variáveis, tendo a concessão de liminar como resposta/dependente (Y) e outras três, referentes a procedimentos distintos (mandado de segurança individual, mandado de segurança coletivo e ação civil pública) como explicativas/independentes (X1, X2 e X3).

A partir dessa breve narrativa e da planilha "Caso 1", trazemos as seguintes questões:

a) Quais tipos de procedimento têm o maior e o menor percentual (%) de deferimento de liminares?

b) O juízo de Direito da Vara da Fazenda da Comarca de Sucupira tem privilegiado o deferimento de liminares em lides coletivas ou individuais?

Resposta

Como indicado no primeiro capítulo do livro, só há uma forma de encontrar o método adequado: olhando para o problema de pesquisa.

A partir do caso apresentado, foram formuladas duas perguntas (ou ainda, dois problemas de pesquisa). É possível notar que ambas as perguntas podem ser respondidas pela extração de frequências relativas (percentuais) extraídas dos casos observados, portanto, em análise **descritiva** dos dados.

Ressaltando o que foi dito no capítulo teórico sobre este método, a finalidade é **reduzir (apresentar de forma direta e resumida)** os dados coletados (a partir de uma amostra ou uma população) – utilizando-se de técnicas gráficas e parâmetros numéricos, como médias e porcentagens – a **resultados interpretáveis** (AGRESTI et al., 2018, p. 35). No JASP, podemos encontrar dados descritivos na aba **"Tabela de Contingência"** ou *"Contingency Table"*.

Assim, vamos entender como obter os dados necessários à análise, retomando o passo a passo de onde paramos no último capítulo, isto é, a partir do momento em que fazemos o *upload* da planilha em .csv no programa (no caso, lembramos que estamos utilizando o JASP).

Com a matriz no JASP, clicamos em **"Frequencies"** na parte superior, e em seguida **"Contingency Tables"**, conforme a imagem abaixo:

Na página que será aberta, selecionamos com um clique a variável dependente – no caso, Deferimento da Liminar – **(Passo 1)** e, em seguida, clicamos na seta que fica abaixo à direita para deslocá-la para a aba "**Columns**" **(Passo 2)**. Com relação às variáveis independentes – Mandado de Segurança Individual, Mandado de Segurança Coletivo e Ação Civil Pública –, selecionamos **(Passo 3)** e enviamos, clicando na seta que fica à direita na parte de cima, à aba **"Rows"** **(Passo 4)**. Em seguida, marcamos

todas as opções da seção **"Cells"** – Rows, Columns, Total –, que fica na parte inferior da tela (**Passo 5**), conforme a ilustração abaixo:

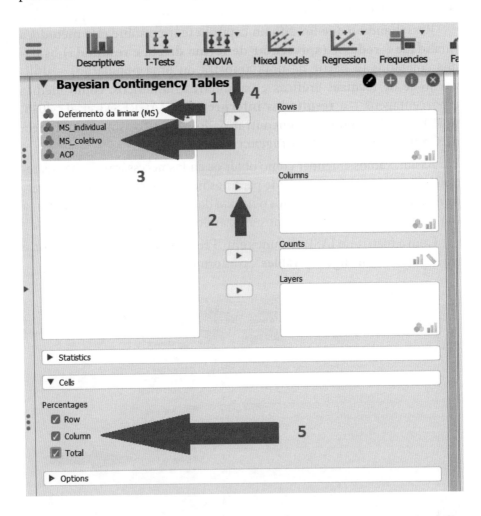

Com este passo a passo, extraímos tabelas de frequências que nos permitem chegar às respostas dos problemas de pesquisa do Caso 1. Nelas, as colunas dizem respeito à variável dependente (Deferimento da liminar), ao passo que as linhas mostram os dados referentes às variáveis independentes. Devemos, então, cruzar linhas e colunas para encontrar o cruzamento almejado das variáveis.

Para encontrarmos os dados que fornecem a resposta aos problemas do Caso 1, devemos focar o cruzamento entre as variáveis cuja resposta é 1, pois estes indicam presença do fator.

Portanto, na linha oriunda do cruzamento do resultado 1 para deferimento da liminar e 1 para o procedimento, o leitor está lendo o resultado para o deferimento da liminar naquele procedimento[22].

Na 1ª tabela do Caso 1, apresentada abaixo, temos os dados acerca dos procedimentos de Mandado de Segurança Individual.

Contingency Tables ▼

MS_individual		Deferimento da liminar (MS)		Total
		0	1	
0	Count	164.000	146.000	310.000
	% within row	52.903 %	47.097 %	100.000 %
	% within column	55.219 %	55.939 %	55.556 %
	% of total	29.391 %	26.165 %	55.556 %
1	Count	133.000	115.000	248.000
	% within row	53.629 %	46.371 %	100.000 %
	% within column	44.781 %	44.061 %	44.444 %
	% of total	23.835 %	20.609 %	44.444 %
Total	Count	297.000	261.000	558.000
	% within row	53.226 %	46.774 %	100.000 %
	% within column	100.000 %	100.000 %	100.000 %
	% of total	53.226 %	46.774 %	100.000 %

Interpretando os dados expostos acima, observamos que **115** das 261 liminares deferidas foram em Mandados de Segurança (MS) individuais. Com isso, verificamos que **44,06%** das liminares foram deferidas em MS individuais. Também podemos destacar que houve concessão de liminar em **46,37%** dos 248 MS individuais. Em relação ao todo (558 processos), tivemos **20,61%** de concessão de liminares em MS individuais.

Na 2ª tabela do Caso 1, apresentada a seguir, temos os dados acerca dos procedimentos de Mandado de Segurança coletivos.

---

22. Do contrário, na linha referente ao cruzamento de 1 para o procedimento e 0 para o deferimento da liminar, está-se diante de dados relativos a processos que tramitam por aquele procedimento sem que neles tenha havido concessão de liminar. E ainda, nas linhas em que o resultado para aquele procedimento foi 0, temos dados referentes a outros procedimentos.

Contingency Tables

MS_coletivo		Deferimento da liminar (MS)		Total
		0	1	
0	Count	202.000	171.000	373.000
	% within row	54.155 %	45.845 %	100.000 %
	% within column	68.013 %	65.517 %	66.846 %
	% of total	36.201 %	30.645 %	66.846 %
1	Count	95.000	90.000	185.000
	% within row	51.351 %	48.649 %	100.000 %
	% within column	31.987 %	34.483 %	33.154 %
	% of total	17.025 %	16.129 %	33.154 %
Total	Count	297.000	261.000	558.000
	% within row	53.226 %	46.774 %	100.000 %
	% within column	100.000 %	100.000 %	100.000 %
	% of total	53.226 %	46.774 %	100.000 %

Interpretando os dados expostos acima, constatamos que **90** das 261 liminares deferidas foram em Mandados de Segurança (MS) coletivos. Com isso, observamos que **34,48%** das liminares foram deferidas em MS coletivos. Também podemos identificar que houve concessão de liminar em **48,65%** dos 185 MS coletivos. Em relação ao todo (558 processos), tivemos **16,13%** de concessão de liminares em MS coletivos.

Na 3ª tabela do Caso 1, ilustrada abaixo, temos os dados acerca dos procedimentos de Ação Civil Pública.

Contingency Tables ▼

ACP		Deferimento da liminar (MS)		Total
		0	1	
0	Count	228.000	205.000	433.000
	% within row	52.656 %	47.344 %	100.000 %
	% within column	76.768 %	78.544 %	77.599 %
	% of total	40.860 %	36.738 %	77.599 %
1	Count	69.000	56.000	125.000
	% within row	55.200 %	44.800 %	100.000 %
	% within column	23.232 %	21.456 %	22.401 %
	% of total	12.366 %	10.036 %	22.401 %
Total	Count	297.000	261.000	558.000
	% within row	53.226 %	46.774 %	100.000 %
	% within column	100.000 %	100.000 %	100.000 %
	% of total	53.226 %	46.774 %	100.000 %

Interpretando os dados expostos acima, observamos que **56** das 261 liminares deferidas foram em Ações Civis Públicas (ACP). Com isso, constatamos que **21,46%** das liminares foram deferidas em ACPs. Também podemos identificar que houve concessão de liminar em **44,8%** das 125 ACPs. Em relação ao todo (558 processos), tivemos **10,04%** de concessão de liminares em ACPs.

Com esses dados, podemos responder às duas perguntas do Caso 1:

A primeira foi: quais tipos de procedimento têm o maior e o menor percentual (%) de deferimento de liminares? Como visto, **o procedimento com maior percentual de deferimento de liminares é o Mandado de Segurança Coletivo, com uma taxa de 48,65% de concessão, enquanto o que apresenta menor percentual é a Ação Civil Pública, com taxa de concessão de 44,8%.**

Já a segunda foi: o juízo de Direito da Vara da Fazenda da Comarca de Sucupira tem privilegiado o deferimento de liminares em lides coletivas ou individuais? **Pelos dados de concessão de liminares em relação ao todo, o MS individual tem taxa mais elevada, qual seja, 20,61%, enquanto os outros dois, ambos de natureza coletiva, têm 16,13% (MS coletivo) e 10,04% (ACP). Assim, o juízo investigado prestigiou os processos de natureza individual no tocante ao deferimento de liminares.**

Caso 2 – Impactos da implementação de políticas públicas no cárcere e no índice de reincidência dos presos

Após alguns anos da promoção de políticas públicas voltadas à melhoria da estrutura do cárcere, o Estado de Sucupira realizou mapeamento da reincidência, dentro do prazo de cinco anos, de presos que se beneficiaram de alguma das políticas ou não, a fim de identificar o impacto delas na efetiva ressocialização de cada encarcerado. A variável resposta foi a reincidência dentro do período de cinco anos, enquanto as variáveis explicativas foram: a) participação em oficina/curso técnico profissionalizante (x1); b) participação em aulas visando a conclusão do Ensino Fundamental/Médio (x2); c) acompanhamento de psicoterapeuta (x3); d) trabalho de manufatura realizado mediante contratação por empresas parceiras (x4).

A partir dessa breve narrativa e da planilha "Caso 2", trazemos as seguintes questões:

a) Quais os resultados observados em casos em que não foram aplicadas nenhuma das medidas?

b) Quais os resultados observados em casos em que foram aplicadas todas as medidas?

c) Quais medidas estão relacionadas a índices menores de reincidência?

Resposta

A resposta aos problemas propostos se dará por dois métodos: para as duas primeiras perguntas, o método será o descritivo; para a terceira, o método será o da regressão logística.

Visando identificar o impacto da aplicação de todas as medidas e o da aplicação de nenhuma delas na reincidência, faremos procedimento semelhante ao do Caso 1; porém, desta vez, cruzaremos todas as variáveis independentes de uma vez (lembrem-se de que, no caso anterior, testamos o cruzamento das variáveis independentes com a dependente uma a uma).

Para tanto, iremos à **Tabela de Contingência** (*Contingency Table*), na seção "**Frequências**" (*Frequencies*), tal como feito e demonstrado na primeira imagem da resposta ao exercício anterior.

Em seguida, devemos arrastar a variável dependente para a seção "coluna" (*columns*), uma das variáveis independentes para a seção "linha" (*rows*), e as demais variáveis independentes para a seção "camadas" (*layers*), conforme o modelo abaixo:

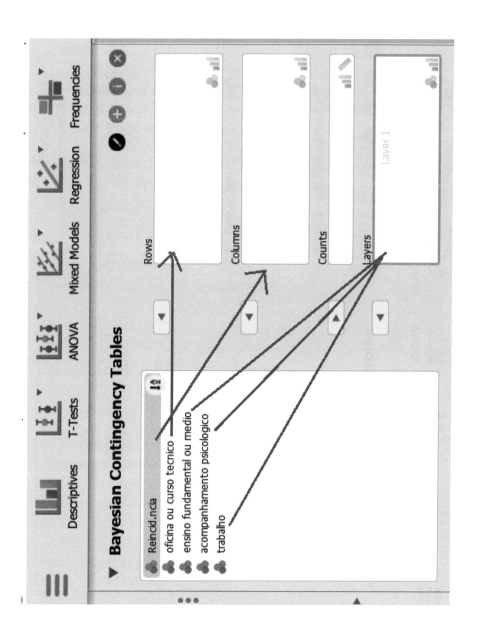

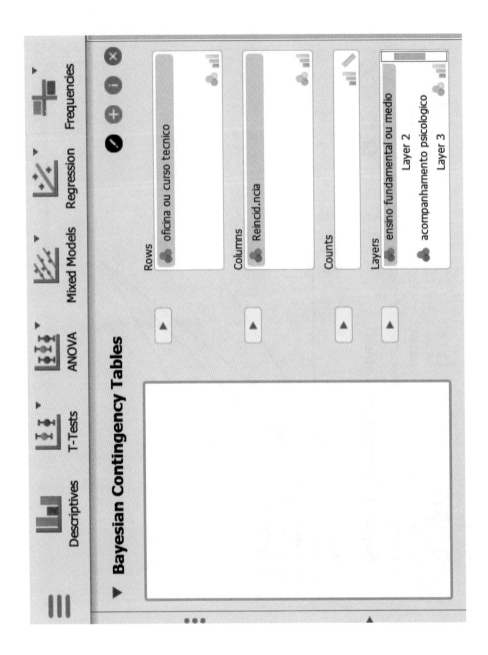

Os resultados extraídos da Tabela de Contingência foram integralmente copiados abaixo. Eles permitem que o pesquisador cruze resultados da presença de 2 ou 3 variáveis (p. ex., se ele quiser identificar o impacto da conjugação de trabalho e acompanhamento psicológico na reincidência dos presos).

Para respondermos objetivamente os problemas de pesquisa do Caso 2, grifamos os dados que nos importam, como o leitor poderá constatar a seguir:

Contingency Tables

Trabalho	Acompanhamento psicológico	Ensino Fundamental ou Médio	Oficina ou curso técnico	Reincidência		Total
				0	1	
0	0	0	0	3	42	45
			1	32	40	72
			Total	35	82	117
		1	0	32	77	109
			1	2	3	5
			Total	34	80	114
		Total	0	35	119	154
			1	34	43	77
			Total	69	162	231
	1	0	0	2	29	31
			1	8	4	12
			Total	10	33	43
		1	0	17	9	26
			1	6	1	7
			Total	23	10	33
		Total	0	19	38	57
			1	14	5	19
			Total	33	43	76
	Total	0	0	5	71	76
			1	40	44	84
			Total	45	115	160
		1	0	49	86	135
			1	8	4	12

			Total	57	90	147
		Total	0	54	157	211
			1	48	48	96
			Total	102	205	307
1	0	0	0	6	20	26
			1	7	3	10
			Total	13	23	36
		1	0	10	3	13
			1	0	0	0
			Total	10	3	13
		Total	0	16	23	39
			1	7	3	10
			Total	23	26	49
	1	0	0	2	3	5
			1	5	0	5
			Total	7	3	10
		1	0	6	2	8
			1	6	0	6
			Total	12	2	14
		Total	0	8	5	13
			1	11	0	11
			Total	19	5	24
	Total	0	0	8	23	31
			1	12	3	15
			Total	20	26	46
		1	0	16	5	21
			1	6	0	6
			Total	22	5	27
		Total	0	24	28	52
			1	18	3	21
			Total	42	31	73
Total	0	0	0	9	62	71
			1	39	43	82
			Total	48	105	153
		1	0	42	80	122

		1	2	3	5
		Total	44	83	127
	Total	0	51	142	193
		1	41	46	87
		Total	92	188	280
1	0	0	4	32	36
		1	13	4	17
		Total	17	36	53
	1	0	23	11	34
		1	12	1	13
		Total	35	12	47
	Total	0	27	43	70
		1	25	5	30
		Total	52	48	100
Total	0	0	13	94	107
		1	52	47	99
		Total	65	141	206
	1	0	65	91	156
		1	14	4	18
		Total	79	95	174
	Total	0	78	185	263
		1	66	51	117
		Total	144	236	380

Na última linha da tabela temos o resultado total acerca da taxa de reincidência, que foi de 144 em 380 presos (aproximadamente 38%)[23].

---

23. Lembrando que, tal como fizemos no Caso 1, o leitor pode ativar a apresentação dos valores percentuais na aba **"Células"** (*Cells*). Não o fizemos neste caso para que a tabela não ficasse demasiadamente extensa no exemplo estudado.

Na primeira linha, temos o cruzamento dos casos em que não foi aplicada nenhuma medida (percebam que todas as variáveis independentes estão marcadas em zero). De 45 presos que não foram assistidos por nenhuma medida, 42 (aproximadamente 93%) reincidiram. **Eis a resposta da letra a.**

Na quadragésima primeira linha, temos o cruzamento dos casos em que foram aplicadas todas as medidas (todas as variáveis independentes marcadas com 1). De 6 presos beneficiados por todas as medidas, nenhum reincidiu. **Eis a resposta da letra b.**

Para responder à letra c), devemos recorrer à análise por regressão logística (estudada no capítulo 7 da Parte Especial I).

Para tanto, na parte inicial do JASP, o pesquisador deve clicar na seção "**Regressão**" (*Regression*), e em seguida, selecionar "**Regressão Logística**" (*Logistic Regression*).

Descriptives	T-Tests	ANOVA	Mixed Models	Regression	Frequencies	Factor

Reincid.ncia	oficina ou curso tecnico	ensino fundamen		acompanhamento psicologico
	0	1	**Classical**	
	0	1	Correlation	
	1	0	Linear Regression	
	1	0	Logistic Regression	
	0	0	**Bayesian**	
	0	1	Correlation	
	0	0	Linear Regression	0
	1	0		0

Em seguida, deve preencher a aba da **Variável Dependente** (*Dependent Variable*) com a variável desta natureza (no caso, reincidência), e a aba **Covariáveis** (*Covariates*) com as variáveis independentes (neste caso, oficina ou curso técnico, Ensino Fundamental ou Médio, acompanhamento psicológico e trabalho), conforme o modelo abaixo:

Logistic Regression

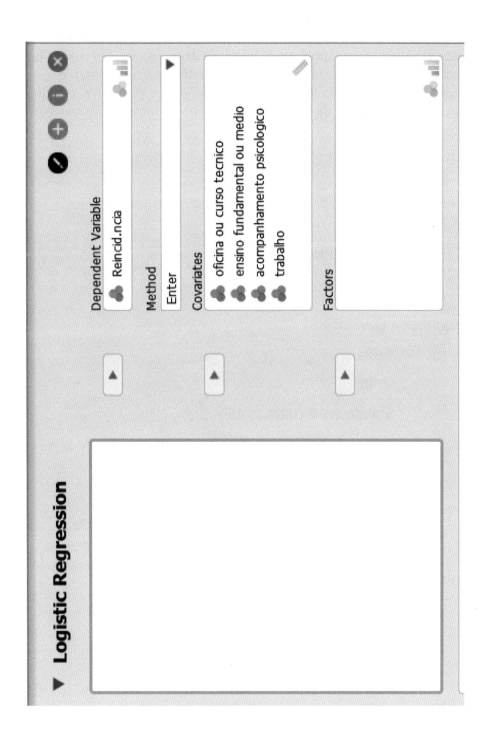

Como as **razões de chance** são um dos parâmetros necessários à análise por regressão logística em casos como este, este coeficiente deve estar ativado para ser apresentado na tabela de resultados. O pesquisador pode ativá-lo na parte inferior da tela **"Estatísticas"** (*Statistics*), em seguida **"Coeficientes da Regressão"** (*Regression Coefficients*), e, por fim, clicando em **"Razões de Chance"** (*Odds Ratio*), conforme demonstrado a seguir:

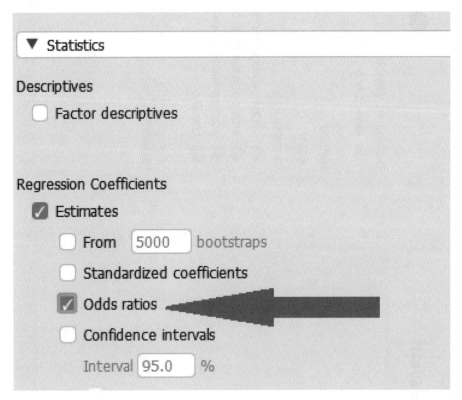

Feito este procedimento, chegamos, a partir da análise logística dos dados coletados, à seguinte tabela de coeficientes:

Coefficients

	Estimate	Standard Error	Odds Ratio	Z	Wald Test		
					Wald Statistic	df	P
(Intercept)	2,751	0,334	15,661	8,249	68,046	1	<,001
Oficina ou curso técnico	-2,388	0,355	0,092	-6,721	45,174	1	<,001
Ensino Fundamental ou Médio	-1,919	0,335	0,147	-5,731	32,845	1	<,001
Acompanhamento psicológico	-0,969	0,288	0,379	-3,367	11,335	1	<,001
Trabalho	-1,570	0,339	0,208	-4,627	21,408	1	<,001

Como visto anteriormente no capítulo destinado a este método, há três coeficientes importantes para a resposta da problemática posta na letra c) do Caso 2: **estimativa ou B logit** (*estimate*), **razões de chance** (*odds ratio*) e **significância estatística** (*p ou p-valor*).

Como se pode perceber, a **significância é elevada**, pois o p-valor é inferior a 0,05, o que nos permite identificar com precisão as razões de chance do evento a partir dos casos contidos na amostra.

Quanto à **estimativa (B logit)**, o que se deve observar é o sinal (positivo ou negativo) do valor. Como em todos os casos o sinal é negativo, podemos associar a presença de todas as variáveis independentes à redução de chances de a variável dependente acontecer. Em outras palavras, a presença de cada uma das quatro variáveis estudadas está relacionada com a **redução** de chances de reincidência.

As **razões de chance (*odds ratio*)**, considerada a alta significância da amostra, permitem-nos concluir que: 1) a realização de oficina ou curso técnico (x1) promove a redução de chances de reincidência em 0,092 vezes (ou 9,2%); 2) o fornecimento de Ensino Fundamental ou Médio (x2) promove a redução de chances de reincidência em 0,147 vezes (ou 14,7%); 3) o acompanhamento psicológico (x3) promove a redução de chances de reincidência em 0,379 vezes (ou 37,9%), e; 4) o trabalho (x4) promove a redução de chances de reincidência em 0,208 vezes (ou 20,8%).

Portanto, **a resposta da letra c)** do Caso 2 é de que o acompanhamento psicológico foi a política pública implantada no ambiente pesquisado com maior impacto na redução de chances de reincidência.

A análise dos dados ora testados contribui para que o gestor avalie a efetividade das medidas implementadas, bem como os investimentos públicos e a realização de parcerias com entes privados visando à ressocialização dos presos na localidade.

Caso 3 – Implementação de políticas públicas educacionais e sua relação com a segurança pública

Após a implementação de políticas públicas na área de educação, o Governo do Estado de Sucupira realizou levantamento visando identificar o impacto na melhoria da taxa de escolaridade na redução de atos infracionais cometidos por crianças e adolescentes. Na série temporal selecionada, levantou-se a taxa de escolaridade, o número de atos infracionais cometidos por crianças e adolescentes e o número de crimes cometidos por adultos jovens (de 18 a 21 anos de idade) em diferentes regiões geográficas do ente.

A partir dessa breve narrativa e da planilha "Caso 3", trazemos as seguintes questões:

a) O aumento do índice de escolaridade tem impacto positivo na prevenção dos atos infracionais praticados por crianças e adolescentes? Em quanto?

b) O aumento do índice de escolaridade tem impacto positivo na prevenção dos crimes praticados por adultos jovens (de 18 a 21 anos de idade)?

Resposta

As problemáticas postas no Caso 3 podem ser respondidas pelo método de **análise por regressão linear** (estudado no capítulo 6 da Parte especial I).

No modelo em questão, preenche-se a matriz com variáveis quantitativas referentes ao percentual da taxa de escolaridade (X, única variável explicativa, regressora) e do número de atos infracionais praticados por crianças e adolescentes (Y1, primeira variável resposta) e crimes praticados por adultos jovens (Y2, segunda variável resposta).

Em suma, pretende-se identificar se o aumento da taxa de escolaridade (causa) produziu efeitos (aumento ou diminuição) sobre duas situações distintas: (efeito 1) variação nas infrações praticadas por crianças e adolescentes; (efeito 2) e variação nos crimes praticados por adultos jovens.

Para realizar a análise por regressão linear, devemos selecioná-la no JASP, por meio do passo a passo a seguir reproduzido:

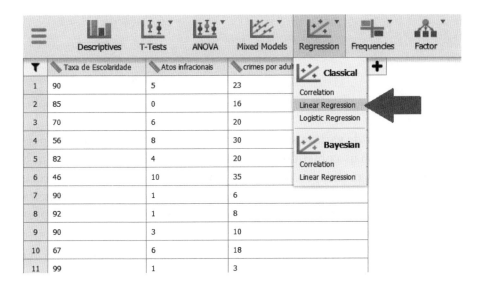

Em seguida, devemos arrastar a primeira variável dependente a ser testada para sua seção (*Dependent Variable*) e a Taxa de Escolaridade, variável independente, para a seção "**Covariáveis**" (*Covariates*), conforme o modelo abaixo.

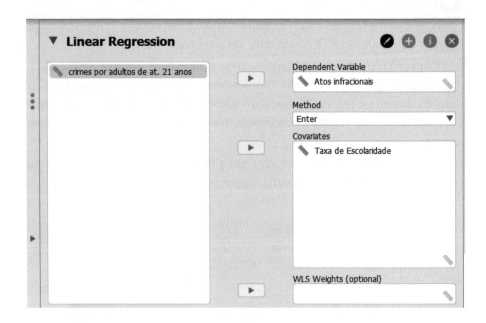

Por se tratar de variáveis dependentes que não dialogam entre si, pois os atos infracionais cometidos por um grupo de indivíduos nada têm a ver com crimes praticados por outro grupo, o pesquisador deve criar e analisar dois modelos, um para cada. Portanto, após selecionar a primeira variável dependente, extrair os dados e interpretá-la sozinha, deve o pesquisador fazer o mesmo com a outra.

No modelo apresentado, extraem-se os dados da regressão linear da variável resposta "atos infracionais":

Results ▼

Linear Regression ▼

Model Summary - Atos infracionais ▼

Model	R	R²	Adjusted R²	RMSE
H_0	0.000	0.000	0.000	3.229
H_1	0.869	0.755	0.754	1.602

ANOVA

Model		Sum of Squares	df	Mean Square	F	p
H_1	Regression	1629.381	1	1629.381	634.966	< .001
	Residual	528.615	206	2.566		
	Total	2157.995	207			

Note. The intercept model is omitted, as no meaningful information can be shown.

Coefficients

Model		Unstandardized	Standard Error	Standardized	t	p
H_0	(Intercept)	3.495	0.224		15.612	< .001
H_1	(Intercept)	17.162	0.554		31.000	< .001
	Taxa de Escolaridade	−0.165	0.007	−0.869	−25.199	< .001

Para interpretar os dados fornecidos acima, três coeficientes são importantes: o coeficiente de Pearson (R), o coeficiente B (no modelo: "*unstandardized*") e a significância (p).

O coeficiente de Pearson mede a correlação entre as variáveis. Quanto mais próximo de 1 (correlação absoluta; i. é, para 100% dos casos estudados), mais forte é a associação. No presente caso, verifica-se na parte superior da imagem acima que o R é de 0,869, valor próximo de 1 que, portanto, indica uma forte correlação entre as variáveis.

Somado a isso, temos o coeficiente B em -0,165. Isso quer dizer que a cada aumento de 1 unidade na variável independente (taxa de escolaridade), diminui-se 0,165 na variável dependente (atos infracionais). Com isso, dobrando-se o percentual de escolaridade (i. é, aumentando-se em 100%), reduz-se os atos infracionais em 16,5%.

Como temos uma significância muito inferior a 0,05, ou seja, alta, o valor de B permite inferir corretamente sobre o comportamento linear da variável pesquisada em relação à população (totalidade dos casos).

Assim, podemos **responder a letra a) do Caso 3**: diante de elevados coeficiente de Pearson e significância, **há correlação entre as variáveis**, de modo que **melhorando-se em 100% a taxa de escolaridade, reduz-se em 16,5% o quantitativo de atos infracionais.**

Para responder a letra b), devemos refazer o modelo, apenas trocando as variáveis dependentes na seção destinada a elas. Agora, a variável a ser testada é o cometimento de crimes por adultos de até 21 anos.

Os dados extraídos são os seguintes:

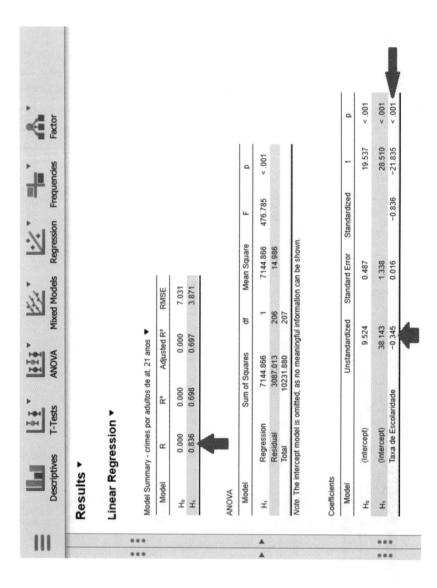

Aplicando-se idêntica interpretação ao caso dos atos infracionais, verifica-se que o coeficiente de Pearson é de 0,836, portanto, há forte correlação entre as variáveis.

O coeficiente B é de -0,345 e a significância é alta (menor de 0,001). Isso quer dizer que a cada aumento de 1 unidade na variável independente (taxa de escolaridade), diminui-se 0,345 na variável dependente (crimes praticados por "adultos jovens"). Com isso, dobrando-se o percentual de escolaridade (i. é, aumentando-se em 100%), reduz-se esses crimes em 34,5%.

Assim, podemos **responder à letra b) do Caso 3**: diante de elevados coeficiente de Pearson e significância, **há correlação entre as variáveis**, de modo que, **melhorando-se em 100% a taxa de escolaridade reduz-se em 34,5% o quantitativo de crimes praticados por adultos entre 18 e 21 anos**.

Caso 4 – Identificando estratégias conciliatórias das grandes empresas nos Juizados Especiais

Um escritório de advocacia atuante na defesa de milhares de consumidores realiza um levantamento para identificar situações nas quais os grandes litigantes de sua área propõem acordo em processos de Juizados Especiais Cíveis da comarca de Sucupira. Assim, coleta dados acerca do fornecimento de proposta de acordo (variável resposta – Y) e das seguintes variáveis explicativas: a) existência de súmula ou precedente vinculante favorável ao consumidor naquele caso (X1); b) consumidor acompanhado de advogado (X2); c) valor da causa baixo (até 10 mil reais – X3), e; d) caso já sentenciado em favor do consumidor (X4).

A partir dessa breve narrativa e da planilha "Caso 4", trazemos as seguintes questões:

a) As súmulas e precedentes vinculantes, pensados para garantir mais segurança jurídica e celeridade, estimulam as empresas a tentarem uma solução consensual?

b) O patrocínio de um advogado pode estimular a solução consensual do conflito no ambiente pesquisado?

c) A fixação de um valor da causa baixo é um atrativo à proposição de acordo pelas grandes empresas?

d) A fase do processo interfere na estratégia das grandes empresas de propor um acordo?

Resposta

Trata-se de mais um problema cujo método adequado para resposta é a análise por regressão logística, uma vez que, por ela, será possível testar a associação entre a presença das variáveis testadas e o fornecimento de proposta de acordo pelos grandes litigantes nos juizados.

Assim, inseridos os dados do Caso 4 no JASP, o procedimento a ser realizado no programa é **idêntico** ao demonstrado para responder a **letra c) do Caso 2**. Assim, aberta a matriz dos dados no JASP, clicamos em **Regressão** (*Regression*) e, em seguida em **Regressão Logística** (*Logistic Regression*):

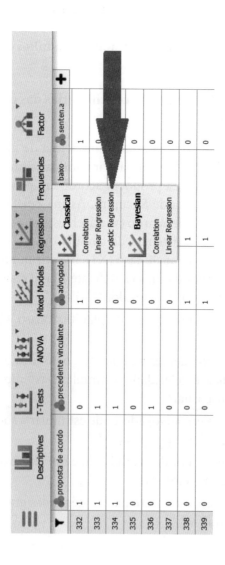

Em seguida, deve o pesquisador dividir a variável dependente das independentes e selecionar a caixa das razões de chance (*odds ratio*), conforme a imagem abaixo:

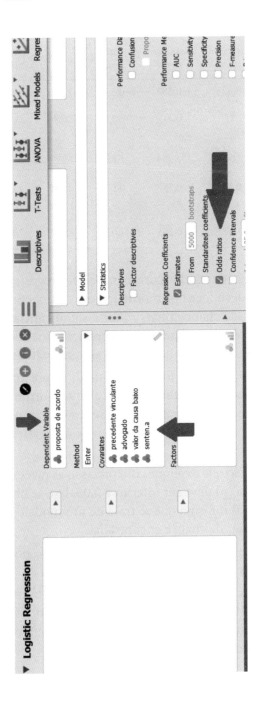

Assim, será extraída a seguinte tabela:

Coefficients

	Estimate	Standard Error	Odds Ratio	z	Wald Statistic	df	P
					Wald Test		
(Intercept)	-0,624	0,283	0,536	-2,200	4,842	1	0,028
Precedente vinculante	1,135	0,310	3,110	3,659	13,392	1	<,001
Advogado	0,607	0,264	1,834	2,295	5,267	1	0,022
Valor da causa baixo	-0,562	0,257	0,570	-2,189	4,792	1	0,029
Sentença	0,709	0,265	2,031	2,677	7,166	1	0,007

A interpretação dos dados para a análise por regressão logística, como já demonstrado, deve focar primordialmente três coeficientes: estimativa (*estimate*), razões de chance (*odds ratio*) e significância (*p*). Apesar de já termos explicado como se opera a interpretação dos dados, não custa reforçar algumas bases, já as aplicando ao caso em análise:

A análise de estimativa foca-se no sinal: se positivo, a presença da variável testada aumenta as chances de o evento (formulação de proposta de acordo) acontecer; se negativo, a presença da variável reduz as chances. No exemplo em análise, o sinal apenas é negativo para o valor da causa baixo.

Para um modelo que explique com precisão as razões de chance extraídas, a significância (p) deve ser inferior a 0,05. Isso se observa em todas as variáveis, o que nos informa que se trata de um modelo com boa precisão em relação às razões de chance encontradas.

Observando as razões de chance apresentadas, podemos responder aos problemas das letras a) a d) do Caso 4.

A resposta da letra a) é positiva. No modelo observado, as razões de chance são de 3,110, com sinal de estimativa positivo. Isso quer dizer que a existência de súmula ou precedente vinculante aumenta em 311% as chances de ser proposto um acordo pela empresa.

Também é positiva a resposta da letra b). Para os consumidores acompanhados de advogado, as razões de chance foram de 1,834 vezes (em sinal positivo). Com isso, pode-se dizer que a presença do advogado no polo ativo aumentou em 183% as chances de ser proposto um acordo pela empresa.

Por sua vez, **a resposta da letra c) é negativa.** Nos casos de valor da causa reduzido, as razões de chance ficaram em 0,570 (em sinal negativo). Isso quer dizer que o valor da causa mais baixo não é um atrativo à tentativa de acordo pela empresa, uma vez que, nesses casos, reduziram-se as chances de formulação de proposta em 57%.

Por fim, **a resposta da letra d) é positiva.** Nos casos em que já há sentença em favor do consumidor, as razões de chance foram de 2,031 (em sinal positivo). Tais dados apontam um aumento de chance de formulação de proposta de acordo de 203% em fase posterior à sentença favorável ao consumidor.

O Caso 4 nos permite vislumbrar como a pesquisa empírica quantitativa pode servir ao mapeamento de estratégias de litígio na Justiça e à previsão de comportamentos judiciais, otimizando as chances de êxito na ação ou maximizando os ganhos numa eventual tentativa de solução consensual.

Caso 5 – A remuneração dos magistrados e o (esperado) impacto na produtividade

A fim de identificar se o aumento dos subsídios dos magistrados estaria relacionado ao aumento de sua produtividade, o TJXY realizou levantamento tendo como variáveis a média do valor líquido do subsídio (em múltiplo de mil), o número de sentenças de mérito e o tempo médio de tramitação de processos até o arquivamento sob responsabilidade de cada magistrado (em meses) na série temporal investigada.

A partir dessa breve narrativa e da planilha "Caso 5", trazemos as seguintes questões:

a) Os magistrados mais bem remunerados produzem mais sentenças de mérito?

b) Os processos que estão sob responsabilidade de magistrados mais bem remunerados tramitam mais rapidamente?

Resposta

Trata-se de mais um caso a ser respondido pela análise por regressão linear, uma vez que estamos diante de variáveis ordinais. A proposta é testar se o aumento da remuneração está associado ao aumento da produtividade em duas medidas: número de sentenças de mérito e tempo de tramitação.

Assim como no Caso 3, temos um X (variável independente) único, que é a remuneração dos magistrados, a ser testado por duas variáveis dependentes (Y1 = número de sentenças de mérito, e Y2 = tempo médio de tramitação de processos até o arquivamento).

Para realizar a análise por regressão linear, devemos selecioná-la no JASP, por meio do passo a passo abaixo:

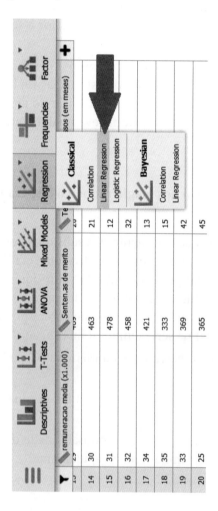

Em seguida, devemos arrastar a primeira variável dependente a ser testada para sua seção (*Dependent Variable*) e a Taxa de Escolaridade, variável independente, para a seção "**Covariáveis**" (*Covariates*), conforme o modelo abaixo.

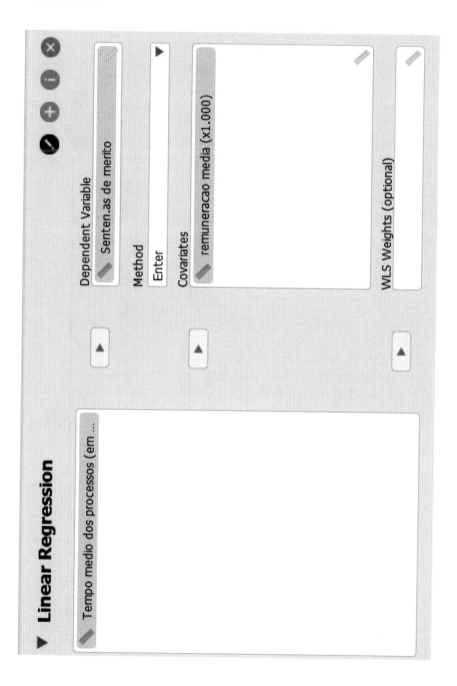

Por se tratar de variáveis dependentes que não dialogam entre si, o pesquisador deve criar e analisar dois modelos, um para cada. Portanto, após selecionar a primeira variável dependente, extrair os dados e interpretá-la sozinha, deve o pesquisador fazer o mesmo com a outra.

No modelo apresentado, extraem-se os dados da regressão linear da variável resposta "sentenças de mérito":

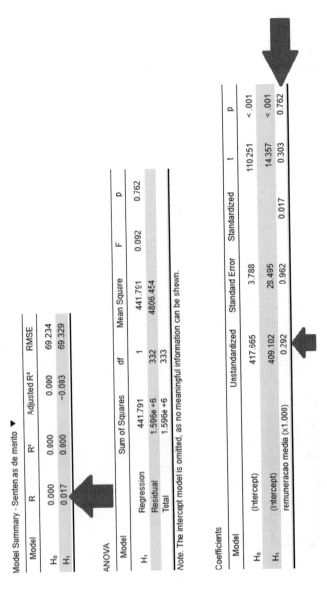

Trocando-se, na aba "**Variável Dependente**" (*Dependent Variable*), os dados sobre o número de sentenças de mérito pelo tempo médio de tramitação dos processos (em meses), os resultados extraídos são os seguintes:

Linear Regression ▼

Model Summary - Tempo medio dos processos (em meses)

Model	R	R²	Adjusted R²	RMSE
H_0	0.000	0.000	0.000	8.671
H_1	0.036	0.001	−0.002	8.679

ANOVA ▼

Model		Sum of Squares	df	Mean Square	F	p
H_1	Regression	32.430	1	32.430	0.431	0.512
	Residual	25006.804	332	75.322		
	Total	25039.234	333			

Note. The intercept model is omitted, as no meaningful information can be shown.

Coefficients

Model		Unstandardized	Standard Error	Standardized	t	p
H_0	(Intercept)	24.952	0.474		52.589	<.001
H_1	(Intercept)	27.272	3.567		7.645	<.001
	remuneracao media (x1.000)	−0.079	0.120	−0.036	−0.656	0.512

Para interpretar os dados fornecidos acima, três coeficientes são importantes: o coeficiente de Pearson (R), o coeficiente B (no modelo: "*unstandardized*") e a significância (p).

O coeficiente de Pearson mede a correlação entre as variáveis. Quanto mais próximo de 1 (correlação absoluta; i. é, para 100% dos casos estudados), mais forte é a correlação. No presente caso, verifica-se na parte superior das duas imagens acima que o R é de 0,017 (sentenças de mérito) e 0,036 (tempo), valores muito próximos de 0 que, portanto, indicam a inexistência de correlação entre as variáveis.

Os dados acima, por si só, já seriam suficientes para afastar as hipóteses de correlação entre aumento da remuneração dos magistrados e sua produtividade.

Ademais, os coeficientes B em 0,292 e -0,079, respectivamente, pouco explicam acerca da variação entre os fatores testados, uma vez que o modelo tem baixíssima significância, pois os valores de p (0,762 e 0,512, respectivamente) são muito superiores ao padrão de 0,05.

Assim, podemos **responder "não" a ambas as perguntas do Caso 5**. Diante de coeficientes de Pearson muito próximos de zero e significância muito superior a 0,05, constata-se a **inexistência de correlação entre as variáveis**.

Com isso, o Caso 5 reforça algo de muito valioso que a pesquisa empírica quantitativa pode emprestar ao estudo das ciências jurídicas: o valor de **negar** uma hipótese. A baixa significância e inexistência de correlação no presente caso nos fornecem um dado tão importante quanto se a resposta fosse em sentido diametralmente oposto.

Reparem que, na prática, os resultados deste caso podem servir de subsídio ao tribunal estudado na identificação de implantação de medidas adequadas para melhorar o seu funcionamento – nesta hipótese, mais precisamente em que **não** investir. Assim, o aumento do subsídio dos magistrados pode ter diversas motivações e finalidades, mas se terá provado que se uma delas for o aumento de produtividade, o ente não obterá o resultado almejado.

Caso 6 – Testando a aplicação da Teoria do Desvio Produtivo do Consumidor

A fim de traçar estratégias voltadas ao fornecimento de resoluções de conflitos, um grupo de companhias aéreas realiza levantamentos nos juízos cíveis da comarca de Sucupira para testar se os magistrados, de alguma forma, levam em consideração a perda de tempo útil do consumidor na resolução de problemas com o fornecedor. Nesse sentido, de acordo com a "Teoria do Desvio Produtivo do Consumidor", o tempo perdido na resolução do problema também é passível de reparação extrapatrimonial.

Para tanto, realizou-se o corte epistemológico da pesquisa hipotética, utilizando-se como critério o valor da causa, levantando-se informações sobre processos integrantes da população, cujo pedido indenizatório foi de até R\$ 10.000,00 (dez mil reais). Com isso, criou-se um novo universo de estudo, mais recortado que a população de todos os processos de idêntica natureza na comarca.

O primeiro levantamento (Caso 6-A) tem como variável resposta o valor da indenização concedida em processos de responsabilidade civil em virtude de cancelamentos de voo, e como variável explicativa o tempo gasto pelo consumidor na tentativa de resolver a questão administrativamente (em dias).

O segundo levantamento (Caso 6-B) tem como variável resposta se a indenização foi concedida **no valor integral do pedido** e como variável explicativa se houve comunicação formal do consumidor com os canais de atendimento da companhia e reclamação perante a Anac.

A partir dessa breve narrativa e da planilha "Caso 6-A e Caso 6-B", trazemos as seguintes questões:

a) A variação do tempo útil perdido provoca variação no valor da indenização fixado? Se sim, de que forma?

b) Existe alguma associação entre a indenização concedida no máximo legal e a realização de reclamação formal pelo passageiro?

Resposta da letra a) (Caso 6A):

Por estarmos diante de variáveis quantitativas, a identificação de variação no valor da indenização em razão do tempo gasto pelo consumidor pode ser constatada pela simples leitura do *r-pearson*. Contudo, o estudo acerca do modo como essa variação eventualmente se opera pode demandar outros dados fornecidos mediante uma análise de **regressão linear**.

Realizaremos, assim, passo a passo semelhante aos dos Casos 3 e 5. Abriremos a Regressão Linear no JASP:

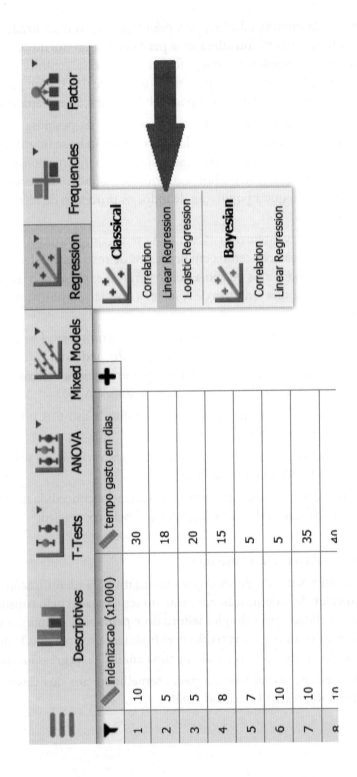

Ato contínuo, selecionamos a variável dependente na aba que lhe é destinada (*Dependent Variable*) e a variável independente na aba de Covariáveis (*Covariate*).

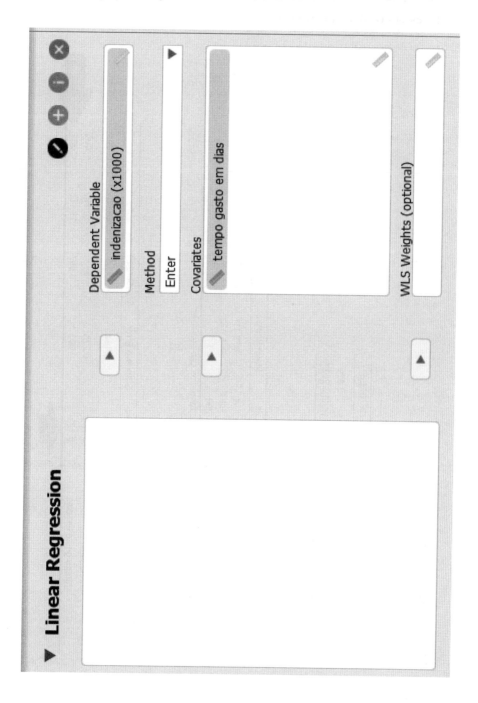

A variável independente (Y) é o tempo gasto pelo consumidor pois, na problemática posta, investiga-se se ela influencia na variável dependente (X), isto é, no valor da indenização.

Estes são os dados extraídos:

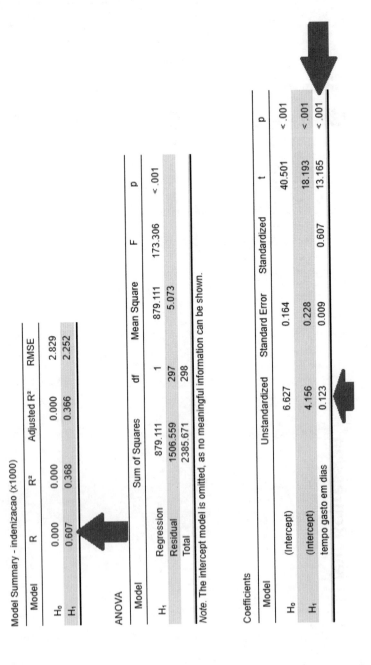

Como se observa na imagem acima, o coeficiente de Pearson (*r-pearson*), medido em 0,607, não tem valor nem próximo de 0, nem de 1. Por esse valor, podemos dizer que há uma correlação de **média intensidade** entre os casos da amostra.

Neste caso, o *r-pearson* nos aponta que há um indício de correlação entre as variáveis. Em outras palavras, podemos dizer que o tempo gasto para resolução do problema pode ensejar aumento da indenização, mas pode não ser a única causa nem a causa determinante. É um ótimo *insight* a ser confirmado posteriormente em novas pesquisas que repliquem o modelo ou utilizem amostras maiores.

Consequentemente, com uma alta significância ($p < 0,001$), o coeficiente B em 0,12, mostra que o aumento de 1 (uma) unidade no regressor aumenta 12% o valor da variável dependente (tempo gasto em dias).

Resposta da letra b) (Caso 6B)

Por estarmos diante de variáveis categóricas, a identificação de associação entre o valor da indenização no valor máximo possível (procedência total do pedido autoral) e a tentativa de resolução administrativa do conflito pelo consumidor pode ser constatada pela simples leitura do **qui-quadrado**. Contudo, o estudo acerca do modo como essa associação eventualmente se opera pode demandar outros dados fornecidos mediante uma análise de **regressão logística**.

Realizaremos, assim, passo a passo semelhante aos dos Casos 2 e 4. Abriremos a Regressão Logística no JASP:

Descriptives | T-Tests | ANOVA | Mixed Models | Regression | Frequencies

Classical
Correlation
Linear Regression
Logistic Regression

Bayesian
Correlation
Linear Regression

	indenizacao integral	Reclamacao ANAC e companhia
1	1	1
2	0	1
3	0	0
4	0	0
5	0	0
6	1	0
7	1	1
8	1	1

Em seguida, deve o pesquisador dividir a variável dependente da independente e selecionar a caixa das razões de chance (*odds ratio*), conforme a imagem abaixo:

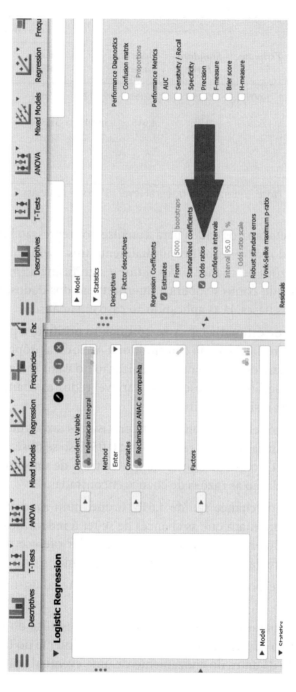

Assim, será extraída a seguinte tabela:

Coefficients

| | Estimate | Standard Error | Odds Ratio | z | Wald Test | | |
					Wald Statistic	df	P
(Intercept)	-1,609	0,203	0,200	-7,912	62,601	1	<,001
Reclamação Anac e companhia	1,529	0,271	4,615	5,644	31,854	1	<,001

Note. indenização integral level "1" coded as class 1.

A interpretação dos dados para a análise por regressão logística, como já demonstrado, deve focar primordialmente três coeficientes: estimativa (*estimate*), razões de chance (*odds ratio*) e significância (*p*). Apesar de já termos explicado como se opera a interpretação dos dados, não custa reforçar algumas bases, já as aplicando ao caso em análise:

A análise de estimativa foca-se no sinal: se positivo, a presença da variável testada (reclamação do consumidor à Anac ou à própria companhia) aumenta as chances de o evento (indenização no valor integral do pedido) acontecer; se negativo, a presença da variável reduz as chances. No exemplo em análise, o sinal é positivo.

Para um modelo que explique com precisão as razões de chance extraídas, a significância (p) deve ser inferior a 0,05. Isso se observa no presente caso (p < 0,001), o que nos informa que se trata de um modelo com boa precisão em relação às razões de chance encontradas.

As razões de chance são de 4,615, o que, num modelo com elevada significância, apontam que as chances de se ter a indenização no máximo legal aumentam em 465% quando o consumidor oferece reclamação administrativa prévia à Anac ou à própria companhia.

Assim, a resposta à letra b) é positiva. Existe, aliás, uma forte associação.

É de se reparar que os dados obtidos pela pesquisa do Caso 6 são de grande valia ao advogado consumerista, especialmente no tocante à assessoria que este dá antes do ajuizamento de uma eventual ação. De posse do material coletado, o advogado pode ter muito êxito em traçar a seguinte estratégia:

I – Com base na resposta da letra b), orientar o cliente a oferecer uma reclamação administrativa previamente ao ajuizamento da ação judicial (pois as chances de receber a indenização em valor integral aumentam sobremaneira).

II – Porém, com base na resposta da letra a), não apostar todas as fichas na Teoria do Desvio Produtivo (ou Perda de Tempo Útil) nos juízos pesquisados, pois, não havendo uma forte associação entre as variáveis, há risco de desgastar o cliente na tentativa de uma resolução administrativa sem a garantia de que isso seja reparado com uma indenização maior em futura ação judicial.

Assim, apesar da recomendada reclamação administrativa, o advogado conduzirá o assessoramento do cliente na via pré-processual para que esta não se delongue demais.

IMPORTANTE LEMBRAR! O resultado do teste de qui-quadrado (X^2) pode ser útil isoladamente para demonstrar a existência de uma associação entre variáveis qualitativas, quando não for possível realizar a análise por regressão logística (ex. amostra pequena) ou, ainda, se os resultados da análise não forem significativos (p-valor muito maior que 0,050).

Caso 7 – A cor da pele e o princípio da insignificância no Direito Penal

O Tribunal TJYZ realizou levantamento acerca da aplicação do princípio da insignificância em julgamentos de crimes patrimoniais de baixa complexidade e compatíveis com o referido princípio. Dentre os objetivos da pesquisa, estava o de saber se a cor da pele poderia estar relacionada ao aumento de chance de aplicação do princípio. Levantou-se, como variável resposta (Y), a aplicação ou não do princípio no caso, e como variável explicativa (X) a cor do réu (1 para negro, pardo ou índio; 0 para branco).

A partir dessa breve narrativa e da planilha "Caso 7", trazemos a seguinte questão:

a) Existe alguma associação entre a cor da pele do réu e a aplicação do princípio da insignificância nos casos investigados?

b) Negros, pardos e índios têm maiores chances de serem beneficiados pelo princípio da insignificância penal nas sentenças de seus casos?

Resposta

Por estarmos diante de variáveis categóricas, a identificação de associação entre as variáveis testadas – resposta da letra a) – pode ser constatada pela simples leitura do *qui-quadrado*. Contudo, o estudo acerca do modo como essa associação eventualmente se opera – resposta da letra b) – pode demandar outros dados fornecidos mediante uma análise de **regressão logística**.

Para procedermos ao teste do *qui-quadrado,* abriremos a aba "**Tabela de Contingência**" (*Contigency Tables*), situada na seção "**Frequências**" (*Frequencies*).

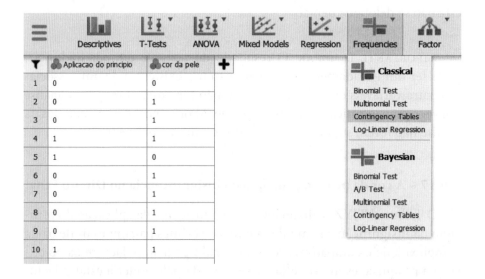

Em seguida, distribuímos as variáveis nas abas **Linhas** (*rows*) e **Colunas** (*columns*) e selecionamos o x^2, que é justamente o coeficiente que nos fornecerá o *qui-quadrado*.

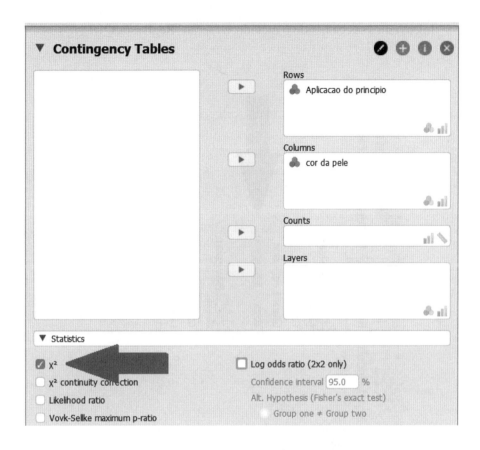

No caso em tela, analisa-se o valor de x^2 (*qui-quadrado*) por meio do *p-valor*, que, por estar inferior a 0,001, aponta para uma forte associação entre as duas variáveis.

A resposta para a letra a), portanto, é positiva (há associação). Contudo o qui-quadrado não nos mostra como essa associação se opera. Por isso, recorremos à regressão logística para responder à letra b).

Iniciaremos selecionando o método, na seção "**Regressões**" (*Regressions*):

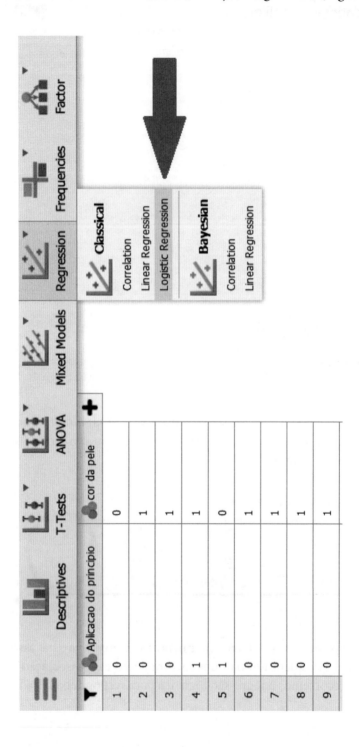

Em seguida, levamos a variável resposta para a aba que lhe é destinada (*Dependent Variable*), e a variável explicativa à aba Covariáveis (*Covariates*). Após isso, selecionamos a caixa das **razões de chance** (*odds ratio*):

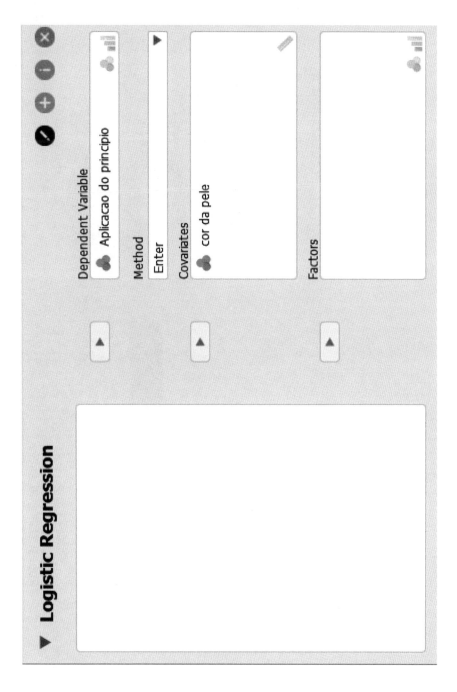

▲ Model

▶ Statistics

Descriptives
- Factor descriptives

Regression Coefficients
- ☑ Estimates
  - From [5000] bootstraps
- Standardized coefficients
- ☑ Odds ratios
- Confidence intervals
  - Interval [95.0] %
  - Odds ratio scale
- Robust standard errors

Performance Diagnostics
- Confusion matrix
  - Proportions

Performance Metrics
- AUC
- Sensitivity / Recall
- Specificity
- Precision
- F-measure
- Brier score
- H-measure

Os dados extraídos para o caso em análise são:

Coefficients

	Estimate	*Standard Error*	*Odds Ratio*	*z*	*Wald Test*		
					Wald Statistic	*df*	*P*
(Intercept)	1,553	0,235	4,727	6,619	43,815	1	<,001
Cor da pele	-1,969	0,267	0,140	-7,362	54,200	1	<,001

A interpretação dos dados para a análise por regressão logística, como já demonstrado, deve focar primordialmente em três coeficientes: **estimativa** (*estimate*), **razões de chance** (*odds ratio*) e **significância** (*p*). Apesar de já termos explicado como se opera a interpretação dos dados, não custa reforçar algumas bases, já as aplicando ao caso em análise:

A análise de estimativa foca-se no sinal: se positivo, a presença da variável testada (etnia negra, parda ou indígena) aumenta as chances de o evento (aplicação do princípio da insignificância) acontecer; se negativo, a presença da variável reduz as chances. No exemplo em análise, o sinal é negativo.

Para um modelo que explique com precisão as razões de chance extraídas, a significância (p) deve ser inferior a 0,05. Isso se observa no presente caso (p < 0,001), o que nos informa que se trata de um modelo com boa precisão em relação às razões de chance encontradas.

As razões de chance são de 0,14, o que, num modelo com elevada significância e com estimativa negativa, apontam que **as chances de se aplicar o princípio da insignificância numa sentença penal diminuem 14% se o réu for negro, pardo ou índio.**

Portanto, **a resposta para a letra b) do Caso 7 é negativa.**

Referências

AGRANONIK, M.; HIRAKATA, V.N. Cálculo de tamanho de amostra: proporções. *Clinical & Biomedical Research*, vol. 31, n. 3, 2011.

AGRESTI, A. et al. *Statistics: the art and science of learning from data*. Londres: Pearson, 2018.

ALTMANN, J. Observational study of behavior: sampling methods. *Behavior*, vol. 49, n. 3-4, p. 227-266, 1974.

ÁLVARES, D. Modelos de regressão aplicados em pesquisas em informática na educação. In: JAQUES, P.A.; SIQUEIRA; S.; BITTENCOURT, I.; PIMENTEL, M. (orgs.). *Metodologia de pesquisa científica em informática na educação: abordagem quantitativa*. Porto Alegre: SBC, 2020.

ANDERSON, D.R.; SWEENEY, D.J.; WILLIAMS, T.A. *Estatística aplicada à administração e economia*. São Paulo: Cengage Learning, 2012.

ANDRADE, M.D. *As determinantes da sobrevivência política: uma análise sobre a duração dos secretários estaduais entre 1990 e 2016*. Tese (Doutorado em Ciência Política) – Universidade Federal de Pernambuco, Recife, 2018.

ANGELI, A.E. Transparência e acesso à informação: quem é o cidadão que demanda a abertura de informações públicas no Brasil? *Revista Eletrônica de Ciência Política*, vol. 7, n. 2, 2016.

BAGULEY, T. *Serious stats: a guide to advanced statistics for the behavioral sciences*. Londres: Macmillan International Higher Education, 2012.

BARBOSA, L.V.Q.; CARVALHO, E. O Supremo Tribunal Federal como a rainha do jogo de xadrez: fragmentação partidária e empoderamento judicial no Brasil. *Revista de Sociologia e Política*, vol. 28, n. 73, 2020.

BARBOSA, L.V.Q.; FERNANDEZ, M.V.; GOMES NETO, J.M.W. Independência judicial e governabilidade: uma aproximação à relação judiciário-executivo no Brasil. In: DANTAS, H. (org.). *Governabilidade*. Rio de Janeiro: Konrad Adenauer Stiftung, 2018.

BATISTA, M.; ROCHA, V.; SANTOS, J.L.A. Transparência, corrupção e má gestão: uma análise dos municípios brasileiros. *Revista de Administração Pública*, vol. 54, p. 1.382-1.401, 2020.

BERK, R.A. An introduction to sample selection bias in sociological data. *American Sociological Review*, p. 386-398, 1983.

BETARELLI JUNIOR, A.A.; FERREIRA, S.F. *Introdução à análise qualitativa comparativa e aos conjuntos Fuzzy (fsQCA)*. Brasília: Enap, 2018.

BIELEN, S. et al. The duration of judicial deliberation: evidence from Belgium. *Social Science Research Network*, 23 maio 2016. Disponível em: https://ssrn.com/abstract=2783455 ou http://dx.doi.org/10.2139/ssrn.2783455

BITTAR, E.C.B. *Metodologia da pesquisa jurídica: teoria e prática da monografia para os cursos de Direito*. 15. ed. São Paulo: Saraiva, 2017.

BOING, A. et al. A judicialização do acesso aos medicamentos em Santa Catarina: um desafio para a gestão do sistema de saúde. *Revista de Direito Sanitário*, vol. 14, n. 1, p. 82-97, 2013.

BOTELHO, F.; SILVA, C.; CRUZ, F. Epidemiologia explicada – Análise de sobrevivência. *Acta Urol*, vol. 26, n. 4, p. 33-38, 2009.

BROCKWELL, P.J.; DAVIS, R.A. *Introduction to time series and forecasting*. 3. ed. Springer, 2016.

CANE, P.; KRITZER, H. (ed.). *The Oxford handbook of empirical legal research*. Oxford: OUP, 2012.

CARVALHO, E. et al. Judicialización de la política y grupos de presión en Brasil: intereses, estrategias y resultados. *América Latina Hoy*, vol. 72, 2016.

CASTRO, A.S. *Ensaios sobre o poder judiciário no Brasil*. Tese de Doutorado, Escola de Pós-Graduação em Economia da Fundação Getúlio Vargas – FGV, 2012.

CASTRO, A.S. O método quantitativo na pesquisa em Direito. In: MACHADO, M.R. (org.). *Pesquisar empiricamente o Direito*. São Paulo: Rede de Estudos Empíricos em Direito, 2017.

CERVI, E.U. Métodos quantitativos nas ciências sociais: uma abordagem alternativa ao fetichismo dos números e ao debate com qualitativistas. *Pesquisa Social*, p. 125-143, 2009.

CERVI, E.U. *Análise de dados categóricos em Ciência Política*. Curitiba: UFPR, 2014.

CERVI, E.U. *Manual de métodos quantitativos para iniciantes em Ciência Política*. Vol. I. Curitiba: CPOP-UFPR, 2017.

CERVI, E.U. *Manual de métodos quantitativos para iniciantes em Ciência Política.* Vol. II. Curitiba: CPOP-UFPR, 2019.

CRESWELL, J. *Projeto de pesquisa: métodos qualitativo, quantitativo e misto.* Trad. M. Lopes. 3. ed. Porto Alegre: Artmed, 2010.

CUNHA, J.R.; SILVA, A.D. Fatores sociojurídicos que influenciam a aplicação da medida socioeducativa ao adolescente autor de ato infracional: uma análise empírica no Poder Judiciário. *Revista de Direito Administrativo*, vol. 249, p. 95-117, 2008.

DE VEAUX, R.D. et al. *Stats: data and models.* Boston: Pearson/Addison Wesley, 2005.

DE VEAUX, R. et al. *Intro stats.* Boston: Pearson, 2014.

DOERNER, W.G.; HO, T.-P. Shoot – Don't shoot: police use of deadly force under simulated field conditions. *Journal of Crime and Justice*, vol. 17, n. 2, p. 49-68, 1994.

DOWNEY, A.B. *Think stats.* Sebastopol (CA): O'Reilly Media Inc., 2014.

EPSTEIN, L.; KING, G. The rules of inference. *The University of Chicago Law Review*, p. 1-133, 2002.

EPSTEIN, L.; KING, G. *Pesquisa empírica em Direito: as regras de inferência.* Vários tradutores. Versão em PDF. São Paulo: Direito GV, 2013.

EPSTEIN, L.; MARTIN, A.D. Quantitative approaches to empirical legal research. In: CANE, P.; KRITZER, H.M. *The Oxford handbook of empirical legal research.* Oxford: Oxford University Press, 2010.

EPSTEIN, L.; MARTIN, A.D. *An introduction to empirical legal research.* Oxford: Oxford University Press, 2014.

EVERITT, B.S. et al. *Cluster analysis.* West Sussex: Wiley, 2011.

FALCÃO, J.; HARTMANN, I.A.; CHAVES, V.P. *III Relatório Supremo em Números: o Supremo e o Tempo.* Rio de Janeiro: Escola de Direito do Rio de Janeiro da Fundação Getúlio Vargas, 2014.

FALCÃO, J.; HARTMANN, I.A.; ALMEIDA, G.F.C.F.; CHAVES, L. *V Relatório Supremo em Números: o foro privilegiado e o Supremo.* Rio de Janeiro: Escola de Direito do Rio de Janeiro da Fundação Getúlio Vargas, 2017.

FERNANDEZ, M. et al. Tribunais subnacionais, preferências pessoais e políticas públicas: as decisões individuais dos juízes do Tribunal de Justiça de Pernambuco em matéria de políticas de saúde. *Argumenta Journal Law*, Jacarezinho, n. 35, p. 459-478, dez., 2021.

FERREIRA, G.S. *Modelo de previsão de entrada em recuperação judicial.* Dissertação de mestrado – Escola de Economia de São Paulo, Fundação Getúlio Vargas, 2017.

FIGUEIREDO FILHO, D.B.; SILVA JÚNIOR, J.A. Desvendando os mistérios do Coeficiente de Correlação de Pearson (r). *Revista Política Hoje*, vol. 18, n. 1, p. 115-146, 2009.

FIGUEIREDO FILHO, D.B. et al. When is statistical significance not significant? *Brazilian Political Science Review*, vol. 7, p. 31-55, 2013.

FIGUEIREDO FILHO, D.B. et al. Análise fatorial garantida ou o seu dinheiro de volta: uma introdução à redução de dados. *Revista Eletrônica de Ciência Política*, vol. 5, n. 2, 2014a.

FIGUEIREDO FILHO, D.B. et al. Happy together: como utilizar análise fatorial e análise de *cluster* para mensurar a qualidade das políticas públicas. *Revista Teoria & Sociedade*, 2014b.

FIGUEIREDO FILHO, D.B. et al. Precisamos falar sobre métodos quantitativos em Ciência Política. *Revista Latinoamericana de Metodología de la Investigación Social*, n. 11, p. 21-39, 2016.

GIBSON, J.L. Judges' role orientations, attitudes, and decisions: an interactive model. *American Political Science Review*, vol. 72, n. 3, p. 911-924, 1978.

GOMES NETO, J.M.W. et al. Litígios esquecidos: análise empírica dos processos de controle concentrado de constitucionalidade aguardando julgamento. *Revista de Estudos Empíricos em Direito*, vol. 4, n. 2, jul., p. 75-86, 2017.

GOMES NETO, J.M.W.; BARBOSA, L.F.A.; VIEIRA, J.L.G. Explicando decisões: as aplicações da análise por regressão logística (logit) no estudo do comportamento judicial. *Direito Público*, vol. 15, n. 82, 2018.

GOMES NETO, J.M.W.; CARVALHO, E. Pretores condenando a casta? *Revista de Estudos Empíricos em Direito*, vol. 8, p. 1-30, 2021.

HARRELL JUNIOR, F.E. *Regression modeling strategies: with applications to linear models, logistic regression, and survival analysis.* Nova York: Springer, 2015.

HARTMANN, I.A. et al. A influência da TV Justiça no processo decisório do STF. *Revista de Estudos Empíricos em Direito*, vol. 4, n. 3, 2017.

HASTIE, T. et al. *The elements of statistical learning: data mining, inference, and prediction.* Nova York: Springer Open, 2017.

HEISE, M. The importance of being empirical. *Pepp. L. Rev.*, vol. 26, issue 4, p. 807-834, 1999.

HOSMER, D.W. et al. *Applied survival analysis: regression modeling of time to event data.* Nova York: John Wiley, 2008.

HUFF, D. *Como mentir com estatística.* Rio de Janeiro: Intrínseca, 2016.

JOIREMAN, S.F. Colonization and the rule of law: comparing the effectiveness of common law and civil law countries. *Constitutional Political Economy*, vol. 15, n. 4, p. 315-338, 2004.

KAUFMAN, L.; ROUSSEEUW, P.J. *Finding groups in data: an introduction to cluster analysis.* Hoboken, NJ: John Wiley & Sons, 2005.

KING, G.; KEOHANE, R.O.; VERBA, S. *Designing social inquiry.* Princeton: Princeton University Press, 1994.

KING, G.; ZENG, L. Logistic regression in rare events data. *Political Analysis*, vol. 9, n. 2, p. 137-163, 2001.

LATTIN, J. et al. *Análise de dados multivariados.* São Paulo: Cengage Learning, 2011.

LEVIN, J.; FOX, J.A.; FORDE, D.R. *Elementary statistics in social sciences.* 12. ed. Boston: Pearson, 2014.

LEVINE, D.M.; BERENSON, M.L.; STEPHAN, D. *Estatística: teoria e aplicações.* Rio de Janeiro: LTC, 2000.

LEVINE, D.M.; STEPHAN, D.F. *Even you can learn statistics: a guide for everyone who has ever been afraid of statistics.* Nova Jersey: FT Press, 2009.

LIRA, R.P.C. et al. Survival analysis (Kaplan-Meier curves): a method to predict the future. *Arquivos Brasileiros de Oftalmologia* [online], vol. 83, n. 2, 2020.

LOCK, R.H. et al. *Estatística: revelando o poder dos dados* [versão eletrônica]. Trad. Ana Maria Lima de Farias, Vera Regina Lima de Farias e Flores. Rio de Janeiro: Gen/LTC, 2017.

LYKKEN, D.T. Statistical significance in psychological research. *Psychological Bulletin*, vol. 70, n. 3, p. 151, 1968.

MACHADO, M.R. (org.). *Pesquisar empiricamente o Direito.* São Paulo: Rede de Estudos Empíricos em Direito, 2017.

MALBOUISSON, C.; TIRYAKI, G.F. (org.). *Econometria na prática.* Rio de Janeiro: Alta Books, 2017.

MARCONI, M.A.; LAKATOS, E.M. *Fundamentos de metodologia científica.* 5. ed. São Paulo: Atlas, 2003.

MATÁS CASTILLO, M. et al. Restorative justice education from intrajudicial criminal mediation associated factors. *European Journal of Investigation in Health, Psychology and Education*, vol. 11, n. 3, p. 627-638, 2021.

MATOS, L.B.S. *Das condições para realização da audiência preliminar obrigatória: uma análise qualitativa das dificuldades enfrentadas na região do Agreste Meridional de Pernambuco*. Dissertação de Mestrado – Programa de Pós-graduação em Direito, Universidade Católica de Pernambuco, Unicap, 2021.

McCLOSKEY, D.N.; ZILIAK, S.T. The standard error of regressions. *Journal of Economic Literature*, vol. 34, n. 1, p. 97-114, 1996.

McSHANE, B.B.; GAL, D. Statistical significance and the dichotomization of evidence. *Journal of the American Statistical Association*, vol. 112, n. 519, p. 885-895, 2017.

MEDEIROS, V.Z. et al. *Métodos quantitativos com Excel*. São Paulo: Cengage Learning, 2013.

MENARD, S. *Applied logistic regression analysis*. Thousand Oaks (CA): Sage Publications, 2002.

MONROE, B. et al. Judicial primary elections: a study of Texas high courts. *The Midsouth Political Science Review*, vol. 20, p. 103-123, 2019.

MOORE, D.S. What is statistics. *Perspectives on Contemporary Statistics*, vol. 21, p. 1-17, 1992.

MOORE, D.S. et al. *Introduction to the practice of statistics*. Londres: W.H. Freeman, 2014.

MOREIRA, J.C.B. O futuro da justiça: alguns mitos. *Revista da Academia Brasileira de Letras Jurídicas*, Rio de Janeiro, vol. 15, n. 17, p. 153-164, 1. sem., 2000.

OLIVEIRA, F.L. Supremo relator: processo decisório e mudanças na composição do STF nos governos FHC e Lula. *Revista Brasileira de Ciências Sociais*, vol. 27, n. 80, 2012.

OLIVEIRA, V.E. Poder judiciário: árbitro dos conflitos constitucionais entre estados e União. *Lua Nova: Revista de Cultura e Política*, vol. 78, p. 223-250, 2009.

PAIVA, D. et al. Eleitorado e partidos políticos no Brasil. *Opinião Pública*, vol. 13, p. 388-408, 2007.

PAULA FILHO, A.M.A. *Reforma processual e argumentação contra legem: quais fatores influenciam os juízos das varas cíveis de Recife/PE a não designarem a audiência prevista no art. 334 do CPC?* 143 p. Dissertação (Mestrado em Direito) – Universidade Católica de Pernambuco, Pernambuco, 2020.

PAULA FILHO, A.M.A.; GOMES NETO, J.M.W. Para além dos fundamentos da decisão judicial: análise empírica da influência do perfil do réu sobre a decisão que dispensa as audiências obrigatórias de conciliação e mediação no início do processo (Art. 334, CPC). *Revista Opinião Jurídica*, Fortaleza, vol. 19, n. 31, p. 127-153, maio, 2021.

PARANHOS, R. et al. Desvendando os mistérios do coeficiente de correlação de Pearson: o retorno. *Leviathan*, São Paulo, n. 8, p. 66-95, 2014.

POLLOCK III, P.H. *The essentials of political analysis*. Thousand Oaks: CQ Press, 2016.

PONTES, J.B.; GOMES NETO; J.M.W.; TEIXEIRA, J.P.F.S.A. Autocontenção no judiciário brasileiro: uma análise das relações estratégicas entre os poderes constituídos do Estado. *Revista Opinião Jurídica*, Fortaleza, vol. 15, n. 20, jan./jun. 2017, p. 138-159.

PRODANOV, C.C.; FREITAS, E.C. *Metodologia do trabalho científico [recurso eletrônico]: métodos e técnicas da pesquisa e do trabalho acadêmico*. 2. ed. Novo Hamburgo: Feevale, 2013.

RICH, J.T. et al. A practical guide to understanding Kaplan-Meier curves. *Otolaryngology – head and neck surgery*, vol. 143, i.3, p. 331-336, 2010.

ROCHA, E. et al. *O caminho para a Análise Social Quantitativa*. Recife: Universidade Federal de Pernambuco, 2017.

ROSENBERG, G. Across the great divide (between law and political science). *Green Bag*, vol. 3, 2000.

RUBIN, A.; BABBIE, E.R. *Empowerment series: research methods for social work*. Boston: Cengage Learning, 2017.

SAGAN, C. *Broca's brain: reflections on the romance of science*. Nova York: Random House Digital, 1979.

SALSBURG, D.S. *Uma senhora toma chá... como a estatística revolucionou a ciência no século XX*. Rio de Janeiro: Zahar, 2009.

SANTOS, R.D.; TRAVAGIN, L.B. As eleições para prefeito no Rio de Janeiro: uma análise sobre partidos, coligações e a política subnacional. *Teoria & Pesquisa: Revista de Ciência Política*, vol. 24, n. 2, 2015.

SASSI, G.P. Introdução à estatística descritiva para pesquisas em informática na educação. In: JAQUES, P.A.; SIQUEIRA, S.; BITTENCOURT, I.; PIMENTEL, M. (orgs.). *Metodologia de pesquisa científica em informática na educação: abordagem quantitativa*. Porto Alegre: SBC, 2020a.

SASSI, G.P. Introdução à estatística inferencial para pesquisas em informática na educação. In: JAQUES, P.A.; SIQUEIRA, S.; BITTENCOURT, I.; PIMENTEL, M. (orgs.). *Metodologia de pesquisa científica em informática na educação: abordagem quantitativa*. Porto Alegre: SBC, 2020b.

SÁTIRO, R.M.; SOUSA, M.M. Determinantes quantitativos do desempenho judicial: fatores associados à produtividade dos tribunais de justiça. *Revista Direito GV*, vol. 17, 2021.

SCHÜTTE, D. Survival analysis in R for beginners. *DataCamp*, 17 dez. 2019. Disponível em: https://www.datacamp.com/community/tutorials/survival-analy sis-R

SHAFFER, P. *Q-squared: combining qualitative and quantitative approaches in poverty analysis*. Oxford: OUP, 2013.

SICHE, R. et al. Índices versus indicadores: precisões conceituais na discussão da sustentabilidade de países. *Ambiente & Sociedade*, vol. 10, p. 137-148, 2007.

SILVA, G.P. *Desenho de pesquisa*. Brasília: Enap, 2018.

SINGH, K. *Quantitative social research methods*. Thousand Oaks: Sage, 2007.

SOUTO, C. Interdisciplinaridade: o caso das ciências jurídicas básicas. *Ciência & Trópico*, vol. 14, 1986.

SOUTO, C. Sobre a pesquisa científica em direito. *Revista Brasileira de Sociologia do Direito*, vol. 1, n. 1, 2014.

SOUZA, G.S. et al. Caracterização da institucionalização da assistência farmacêutica na atenção básica no Brasil. *Revista de Saúde Pública*, vol. 51, 2017.

STOCKEMER, D. *Quantitative methods for the social sciences:* A Practical Introduction with Examples in SPSS and Stata. Genebra: Springer International Publishing, 2019.

SUASSUNA, C.C.A. *Cidade resiliente: sistema de indicadores dos aspectos institucionais*. Tese de doutorado – Programa de Pós-Graduação em Desenvolvimento Urbano Universidade Federal de Pernambuco, 2014.

SURVEYMONKEY. *Calculadora de tamanho da amostra*. 2021. Disponível em: https://pt.surveymonkey.com/mp/sample-size-calculator/. Acesso em: 15 nov. 2021.

TIRYAKI, G.F. Fundamentos da análise empírica. In: MALBOUISSON, C.; TIRYAKI, G.F. (orgs.). *Econometria na prática*. Rio de Janeiro: Alta Books, 2017.

TOMZ, M.; KING, G.; ZENG, L. ReLogit: rare events logistic regression. *Journal of Statistical Software*, vol. 8, p. 1-27, 2003.

TRIOLA, M.F. *Essentials of statistics*. Boston: Pearson Addison Wesley, 2019.

TUKEY, J.W. *Exploratory data analysis*. Boston: Addison-Wesley Publishing Company, 1977.

TYLER, R.W. What is statistical significance? *Educational Research Bulletin*, p. 115-142, 1931.

VIANNA, I.O.A. *Metodologia do trabalho científico: um enfoque didático da produção científica*. São Paulo: EPU, 2001.

VIEIRA, J.G.S. *Metodologia de pesquisa científica na prática*. Curitiba: Fael, 2012.

VIGEN, T. *Spurious correlations.* Londres: Hachette UK, 2015.

WASSERMAN, L. *All of statistics: a concise course in statistical inference.* Nova York: Springer, 2004.

WHEELAN, C. *Naked statistics: stripping the dread from the data.* Nova York: W.W. Norton & Company, 2013.

WHEELAN, C. *Estatística: o que é, para que serve, como funciona.* Trad. George Schlesinger. Rio de Janeiro: Zahar, 2016.

WILDEMUTH, B. Frequencies, cross-tabulation, and the chi-square statistic. In: WILDEMUTH, B. (org.). *Applications of social research methods to questions in information and library science.* Santa Bárbara, Cal.: Libraries Unlimited, 2017.

YEUNG, L. Jurimetria ou análise quantitativa de decisões judiciais. In: MACHADO, M.R. (org.). *Pesquisar empiricamente o Direito.* São Paulo: Rede de Estudos Empíricos em Direito, 2017.

ZILIAK, S.; McCLOSKEY, D.N. *The cult of statistical significance: how the standard error costs us jobs, justice, and lives.* University of Michigan Press, 2008.

ZILIAK, S.T.; McCLOSKEY, D.N. We agree that statistical significance proves essentially nothing: a rejoinder to Thomas Mayer. *Econ Journal Watch*, vol. 10, n. 1, p. 97, 2013.

Conecte-se conosco:

f facebook.com/editoravozes

⌾ @editoravozes

🐦 @editora_vozes

▶ youtube.com/editoravozes

☏ +55 24 2233-9033

www.vozes.com.br

Conheça nossas lojas:

www.livrariavozes.com.br

Belo Horizonte – Brasília – Campinas – Cuiabá – Curitiba
Fortaleza – Juiz de Fora – Petrópolis – Recife – São Paulo

  Vozes de Bolso

EDITORA VOZES LTDA.
Rua Frei Luís, 100 – Centro – Cep 25689-900 – Petrópolis, RJ
Tel.: (24) 2233-9000 – E-mail: vendas@vozes.com.br